Standard Deutsch 5/6

Leseheft · *Vorhang auf!*

Erarbeitet von Sabine Matthäus

Illustriert von Constanze Guhr

Cornelsen

Textquellenverzeichnis:

S. 15 ff. Astrid Lindgren: Pippi kommt in die Schule. Aus: Astrid Lindgren: Kindertheaterstücke. Verlag Friedrich Oetinger, Hamburg 1986, S.35 ff.
S. 30 ff. Hans-Peter Tiemann: Aliens in Niederottenbach. Kohl-Verlag, Kerpen 2007
S. 37 ff. Hans-Peter Tiemann: Liebeskummer XXL. Kohl-Verlag, Kerpen 2007
S. 42 ff. Brüder Grimm: Die Bremer Stadtmusikanten. Nach: www.gutenberg.spiegel.de

Bildquellenverzeichnis:

S. 4 Thomas Schulz, Teupitz
S. 25 f. e. o. plauen: Vater hat geholfen. Aus: e. o. plauen: Vater und Sohn. Bd. 1, © Südverlag, Konstanz 1993

Wir danken den Rechteinhabern für die Abdruckgenehmigung. Da es uns leider nicht möglich war, alle Rechteinhaber zu ermitteln, bitten wir, sich gegebenenfalls an den Verlag zu wenden.

Redaktion: Christina Nier
Bildrecherche: Angelika Wagener
Umschlaggestaltung: Visuelle Gestaltung Katrin Pfeil, Mainz
Layout und technische Umsetzung: Annika Preyhs für Buchgestaltung +, Berlin

www.cornelsen.de
www.oldenbourg-bsv.de

1. Auflage, 1. Druck 2009

Druck: CS-Druck CornelsenStürtz, Berlin

ISBN 978-3-06-061931-3

Inhalt gedruckt auf säurefreiem Papier aus nachhaltiger Forstwirtschaft.

Inhaltsverzeichnis

Über Theater nachdenken

1 Tausche dich mit einem Lernpartner oder einer Lernpartnerin aus.

a) Was passiert auf dem oben stehenden Foto?

b) Habt ihr schon einmal Theater gespielt oder eine Theateraufführung besucht? Welche Erfahrungen habt ihr gemacht?

c) Erstelle eine Mindmap zum Thema „Theater“. Notiere Stichwörter, die dir dazu einfallen.

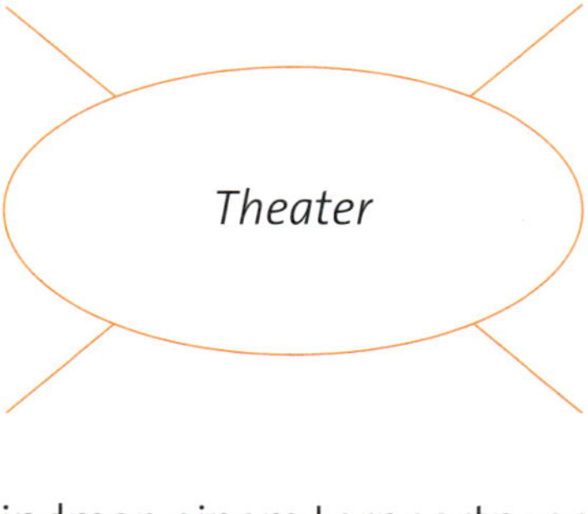

2 Stelle deine Mindmap einem Lernpartner oder einer Lernpartnerin vor.

3 Betrachte die Schauspieler auf dem folgenden Bild. Schreibe auf, was ein Schauspieler können muss.

Ein Schauspieler muss ______________________

____

____

4 Lies die beiden folgenden Szenen und überlege, welche Szene besser zum Bild oben passt. Begründe deine Antwort.

____

____

Szene 1

Lehrerin: Vielen Dank für Ihren Besuch. Hoffentlich kommen Sie bald einmal wieder.
Reporter und Detektiv: *(nicken fröhlich)* Natürlich!
Detektiv: Dann tschüss, bis bald!
Reporter: Ja, macht's gut und bleibt munter.
Lehrerin/Schülerinnen und Schüler: *(laut)* Tschüss!

Szene 2

Lehrerin: Halt! So einfach kommen Sie nicht davon! Wer meinen Unterricht stört und Fragen stellt, der muss mindestens eine Matheaufgabe lösen. So, jetzt stelle ich mal die Frage: Wie viel ist 9 x 9?
Detektiv und Reporter: *(kratzen sich am Kopf und beginnen zu grübeln)* Hm?
Detektiv: Moment, ich hab's gleich … Also das müssten … hm.
Reporter: Das müssten so ungefähr, ähm, äh, 78 sein, nicht wahr?
Detektiv: Genau! Jetzt, wo du es sagst, fällt es mir auch ein.
Lehrerin/Schülerinnen und Schüler: *(laut)* Faaaaalsch!

5 Überlege, welche Person auf dem Bild von S. 5 den Detektiv, wer die Lehrerin und wer den Reporter darstellt. Begründe deine Zuordnung.

Die linke Person spielt ______________________ *, denn*

____

Die Person in der Mitte spielt ______________________ *, denn*

____

Die Person rechts spielt ______________________ *, denn*

____

6 Betrachte die beiden Bilder unten.

a) Schreibe unter jedes Bild, welches Gefühl das Gesicht deiner Meinung nach ausdrückt.

b) Schreibe in die Gedankenblase, was die Person gerade denken könnte.

______________________ ______________________

7 Die folgenden Bilder sind ohne Worte und nur durch Mimik und Gestik zu verstehen. Schreibe in dein Heft, was pantomimisch dargestellt wird.

8 Lies folgenden Text. Markiere die wichtigsten Aussagen.

Ja, ich bin ein Schauspieler! Meine Aufgabe ist es, die Leute zu unterhalten. Dabei muss ich genau darauf achten, dass ich deutlich und laut spreche, denn ich möchte ja, dass mich jeder versteht. Außerdem versuche ich immer, mich beim Sprechen zum Publikum zu drehen. Ich darf auch nicht zu schnell sprechen, denn nur so kommt mein Text beim Publikum an und alle können dem Theaterstück folgen.

a) Tausche dich mit einem Lernpartner oder einer Lernpartnerin aus. Sprecht den Text so, wie der Schauspieler es selbst beschreibt.

b) Bewertet eure Vorträge gegenseitig.

9 Mit deiner Stimme kannst du ausdrücken, wie du dich fühlst: ängstlich oder mutig, fröhlich oder traurig.

a) Probiere es aus und sprich den Text in der Sprechblase mal so und mal so.

Morgen bekommen wir die Klassenarbeit zurück!

b) Beschreibe, wie sich der Klang deiner Stimme durch die unterschiedlichen Gefühle verändert:

Ich bin ...	Meine Stimme ...
ängstlich.	*zittert, ...*
mutig.	
fröhlich.	
traurig.	

In eine Rolle schlüpfen

Patrick und seine Freunde spielen auf dem Hof Fußball. Plötzlich schießt Patrick versehentlich den Ball in das Küchenfenster des Nachbarn Müller. Die Fensterscheibe zerbricht. Nicht nur der Nachbar, sondern auch einige andere Leute haben das Geschehen beobachtet und schildern es aus ihrer Sicht:

- der wütende **Herr Müller**, dessen Fenster kaputt ist,
- der verzweifelte **Patrick**, der geschossen hat,
- **André**, Patricks bester Freund, der sich mitschuldig fühlt,
- **Frau Schulze**, die schadenfrohe Nachbarin, die Herrn Müller nicht ausstehen kann,
- die alte **Frau Groß** von nebenan, der der arme Junge leidtut.

Und dann kam der Schuss:
Der Ball flog anders als erwartet mit voller Wucht gegen das Küchenfenster. Man hörte einen Knall, ein Klirren und dann sah ich auch schon die Scherben zu Boden fallen. Das war eine schöne Bescherung. Die meisten Freunde rannten vor Schreck davon. Die neue Scheibe wird wohl eine Menge Geld kosten.

1 Sprich den Text der Sprechblase, indem du nacheinander in die verschiedenen Rollen (Herr Müller, Patrick …) schlüpfst. Beachte dabei die Informationen zu diesen Personen und versuche, die Rolle mit Mimik, Gestik und dem besonderen Klang der Stimme überzeugend darzustellen.

2 Wähle dir für ein Ratespiel einen Lernpartner oder eine Lernpartnerin aus. Suche dir eine der fünf Rollen aus und sprich den Text der Sprechblase. Dein Partner oder deine Partnerin muss raten, in wessen Rolle du geschlüpft bist.

3 Notiere, was du beachten musst, wenn du deine Rolle überzeugend spielen willst.

Um meine Rolle überzeugend spielen zu können, muss ich ____________________

____

____

4 Denk dir mit einem Lernpartner oder einer Lernpartnerin ein Ereignis, verschiedene Personen, die das Ereignis beobachten, und einen Sprechtext aus. Notiert die Ideen in eurem Heft. Spielt die Rollen.

Ein Ereignis / Die Beteiligten / Der Sprechtext

Regieanweisungen beachten

Das Konzert

1 Lies die beiden Texte.

Text 1

(Die Tochter Milena geht zum Vater ins Wohnzimmer.)

Milena: *(zaghaft)* Morgen Abend ist ein Konzert in unserer Aula.

Vater: *(genervt)* Und wer wird da auftreten?

Milena: *(vorsichtig)* Die BLACK PING PONGS.

Vater: *(entsetzt)* Ist das nicht diese Punkband aus dem Nachbarort?

Milena: *(leise)* Ja. Ich würde gerne zu diesem Konzert gehen …

Text 2

(Die Tochter Milena geht zum Vater ins Wohnzimmer.)

Milena: *(fröhlich)* Morgen Abend ist ein Konzert in unserer Aula.

Vater: *(interessiert)* Und wer wird da auftreten?

Milena: *(feierlich)* Die BLACK PING PONGS.

Vater: *(begeistert)* Ist das nicht diese Punkband aus dem Nachbarort?

Milena: *(nickt heftig)* Ja. Ich würde gerne zu diesem Konzert gehen …

a) Milena und ihr Vater sagen in beiden Szenen dasselbe. Markiere die Unterschiede, durch die sich die Szenen dennoch unterscheiden.

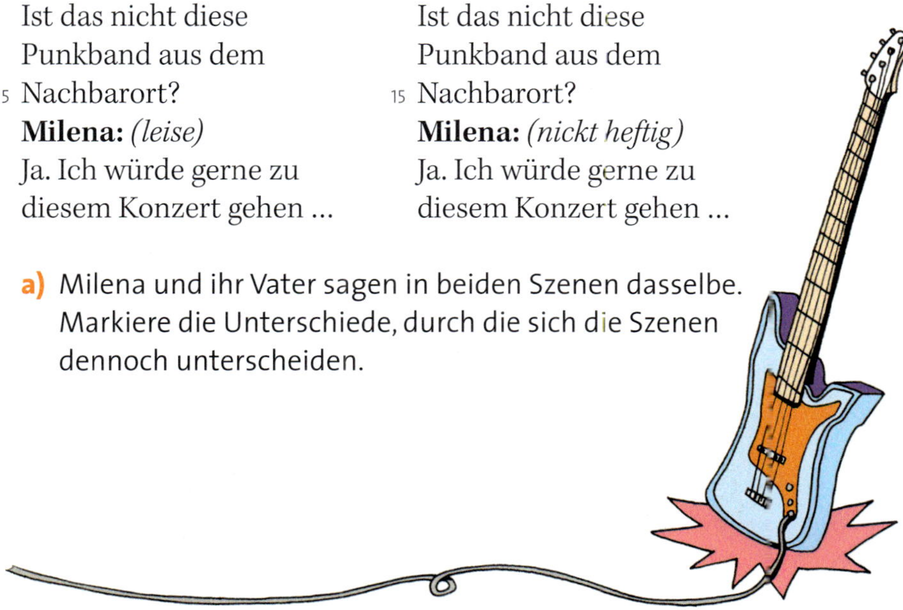

b) Die Regieanweisungen in Klammern geben den Schauspielern an, wie sie sich verhalten und sprechen sollen. Spiele mit einem Lernpartner oder einer Lernpartnerin beide Szenen, indem ihr die Regieanweisungen genau beachtet.

2 Wähle dir einen Lernpartner oder eine Lernpartnerin und lest den folgenden Text mit verteilten Rollen.

Das verschwundene Geschenkpapier

(Im Wohnzimmer)

Mutter: (______________________________) Wo habe ich denn bloß das Geschenkpapier gelassen? Gestern lag es doch noch hier.

Bastian: (______________________________) Hallo, Mama!

Mutter: (______________________________) Hallo, Bastian.

Bastian: (______________________________) Suchst du was?

Mutter: (______________________________) Ja, ich hatte doch gestern das Geschenkpapier hier hingelegt. Ich kann es einfach nicht mehr finden.

Bastian: (______________________________) Oh, meinst du etwa das rote Papier mit den weißen Blümchen?

Mutter: (______________________________) Genau das! Hast du es etwa genommen?

Bastian: (______________________________) Nein, natürlich nicht. Sonst hätte ich es dir gesagt.

Mutter: (______________________________) Bastian! Sieh mich an! Du hast doch schon öfter meine Sachen stibitzt! Außerdem hat doch heute deine Freundin Geburtstag!

Bastian: (______________________________) Jetzt bist du aber ungerecht! Ich habe das Geschenkpapier wirklich nicht genommen. Meiner Freundin habe ich einen Blumenstrauß geschenkt. Dazu habe ich kein Geschenkpapier gebraucht.

Mutter: (______________________________) Aber wo kann es denn bloß sein?

Bastian: (______________________________) Ich habe es nicht! Wie oft soll ich das denn noch sagen?

Mutter: (______________________________) Nun sei mal nicht so aufgebracht. Ich glaube dir ja.

Vater: (______________________________) Hallo, ihr zwei! Habt ihr etwa Streit?

Bastian: (______________________________) Nein, nicht so richtig.

Vater: (______________________________) Übrigens, ich habe heute Morgen diese rote Geschenkpapierrolle mit in die Firma genommen. Ich habe meiner Sekretärin zum Geburtstag eine Schachtel Pralinen gekauft und wollte sie noch einpacken.

Mutter und Bastian: (______________________________) Aha!

Vater: (______________________________) Warum guckt ihr denn so komisch?

3 **a)** Überlege, welche Regieanweisungen in diese Szene passen könnten. Schreibe sie auf die freien Linien. Die Wörter im folgenden Kasten helfen dir.

murmelnd – laut – brummig – nervös – gucken sich an – fragend – beleidigt – fröhlich – müde – verzweifelt – kopfschüttelnd – aufbrausend – Hände in die Hüften gestemmt – Augen rollend – nachdenklich – hilfsbereit – mit strenger Stimme – wirft den Kopf in den Nacken – genervt

b) Lest den Text noch einmal mit verteilten Rollen.

4 Beschreibe mit eigenen Worten, warum Regieanweisungen in Spielszenen wichtig sind.

Regieanweisungen

Eine Szene spielen

Astrid Lindgren

Pippi in der Schule

Pippi Langstrumpf, die keine Schule besucht, ärgert sich, dass sie keine Ferien bekommt wie ihre Freunde Thomas und Annika. So beschließt sie, eines Tages doch zur Schule zu gehen.

1 Überfliege den Text unten und schreibe alle Rollen auf, die in dem Stück vorkommen.

Pippi Langstrumpf, ______________________________

____

2 Lest den Text mit verteilten Rollen. Achtet dabei besonders auf gute Betonung und Aussprache.

(Im Schulzimmer. Die Schulkinder singen ...)

Lehrerin: Gut so. Setzt euch. *(Alle setzen sich. Thomas hebt die Hand.)* Was ist, Thomas?

Thomas: Ja, ich wollte sagen, dass heute ein neues Mädchen kommt.

Lehrerin: Zu uns? In diese Klasse?

Thomas: Ja. Sie möchte zu uns. Das darf sie doch?

Annika: Sie heißt Pippi Langstrumpf.

Lehrerin: Pippi Langstrumpf! Ist das nicht das kleine Mädchen, das ganz alleine wohnt?

Annika: Ja.

Lehrerin:

(Schaut von einem Kind zum anderen ...

)

Ja, wir müssen uns wirklich um dieses arme kleine Ding kümmern. Wir müssen erreichen, dass sie sich bei uns in der Schule wohlfühlt. Sie wird am Anfang sicher ein bisschen schüchtern sein und sich fremd vorkommen, und da braucht sie eure Hilfe, versteht ihr? So, aber nun wollen wir einmal sehen, wie es heute mit dem Kopfrechnen geht. *(Hinter der Bühne hört man das wilde Galoppieren eines Pferdes. Die Tür wird aufgerissen und Pippi stürmt mit Donnergetöse in das Schulzimmer.)*

Lehrerin: Huch!

Pippi: Hallo, hier bin ich! Komme ich noch rechtzeitig zur Plutimikation?

Lehrerin: Ja, allerdings, obwohl du ein bisschen leiser hättest kommen können. Aber dennoch – willkommen in der Schule, kleine Pippi!

Pippi: Danke schön.

Lehrerin: Ich hoffe, dass es dir bei uns gefällt.

Pippi: Ja, wenn ihr euch immer gut benehmt.

Lehrerin: Und ich hoffe, dass du recht viel lernen wirst.

Pippi: *(ist die ganze Zeit sehr freundlich im Ton)* Danke schön, und ich hoffe, dass ich Weihnachtsferien kriege, deshalb bin ich ja hergekommen.

Lehrerin: *(lacht)* Weihnachtsferien? Das geht in Ordnung. Du kannst dich da an den Tisch setzen.

Pippi: *(wirft sich auf den Stuhl, sieht sich neugierig um und pfeift laut und vernehmlich, um zu bekunden, dass es ihr ganz gut gefällt)* Juchu!

Lehrerin: Nein, kleine Pippi, in der Schule pfeift man nicht. Wir sind gerade beim Rechnen.

Pippi: Ja, lass dich durch mich nicht stören. Mach nur weiter.

Lehrerin: Vielleicht sollten wir erst einmal prüfen, wie viel du kannst. Du bist ja schon ein großes Mädchen. Bestimmt kannst du schon eine ganze Menge.

Pippi: Ja, ich kann praktisch das meiste.

Lehrerin: Dann kannst du mir sicher auch sagen, wie viel sieben und fünf ist.

Pippi: *(sieht sie erstaunt an)* Sieben und fünf. *(lacht freundlich)* Ja, wenn du es noch nicht einmal selbst weißt, dann glaub bloß nicht, dass ich es dir sage.

Lehrerin: Pippi, so redet man nicht mit seiner Lehrerin! Aber jetzt will ich dir sagen, dass sieben und fünf zwölf ist.

Pippi: Tsss, du wusstest es ja, warum fragst du dann?

Lehrerin: Damit du es lernst.

Pippi: *(immer noch lachlustig)* Ich soll lernen, wie viel sieben und fünf ist? Warum denn? Das kann mir ganz schnuppe sein, was das ist. Da will ich mich gar nicht einmischen.

Lehrerin: Kleines Dummerchen! Ich glaube nicht, dass du das hier verstehst. Übrigens, was meinst du, wie viel ist acht und vier?

Pippi: *(genauso lachlustig)* Du fragst und fragst. Was glaubst du denn? Siebenundsechzig vielleicht?

Lehrerin: Aber nein, acht und vier ist zwölf.

Pippi:

____

Hör mal, mein kleines Schätzchen. Das geht zu weit. Eben erst hast du gesagt, sieben und fünf ist zwölf. Ordnung muss sein, selbst in einer Schule.

Lehrerin: *(schüttelt hoffnungslos den Kopf)* Tja, rechnen kannst du jedenfalls nicht, das merke ich schon.

Pippi: *(sehr freundlich und schmeichelnd)* Nee, aber ich begreife, dass du Spaß an solchen Dummheiten hast. Weißt du was, setz dich doch in die Ecke und rechne da, soviel du Lust hast.

Lehrerin: Und was soll die Klasse unterdessen tun?

Pippi: Wir könnten etwas Lustiges spielen. Ich kann eine ganze Menge tolle Spiele.

Lehrerin: Aber sieh mal, kleine Pippi. Man geht in die Schule, um etwas zu lernen.

Pippi: Ja, die Hauptstadt von Portugal und all so was. Aber das kann ich schon.

Lehrerin: Nun ja, du kannst dich ein Weilchen ausruhen, dann werden wir sehen, was deine Kameraden wissen.

Pippi: *(legt sich bequem zurecht, mit den Füßen auf den Schreibtisch)* Gut, ich brauche wirklich Erholung. *(Die Kinder sehen bestürzt auf, aber die Lehrerin deutet vorsichtig an, dass man sich nichts anmerken lassen darf.)*

Lehrerin: Thomas, kannst du mir die Frage beantworten: Wenn Lisa sieben Äpfel hat und Anton hat neun, wie viele Äpfel haben sie dann zusammen?

Pippi: Ja, sag es, Thomas, und dann erzähl auch gleich, wo sie die Äpfel geklaut haben, damit ich auch da hingehen und welche abstauben kann.

Thomas: *(nach einem verstörten Blick auf Pippi)* Sie haben zusammen sechzehn Äpfel.

Lehrerin: Stimmt.

Pippi: Sechzehn Äpfel? Was soll man dazu sagen! Arme Kinder, sie werden aber Bauchschmerzen kriegen.

Lehrerin: Still, Pippi. Jetzt bekommst du eine Aufgabe, Annika. Gustaf war mit seinen Kameraden auf einem Schulausflug. Er hatte zwei Mark*, als er abfuhr, und zehn Pfennig*, als er nach Hause kam. Wie viel hat er ausgegeben?

Pippi: Antworte, Annika. Und dann möchte ich wissen, ob er Brause gekauft hat und ob er sich die Ohren richtig gewaschen hat, bevor er von zu Hause weggegangen ist. An welchem Tag war übrigens der Ausflug?

Lehrerin: Liebe Pippi, Gustaf ist doch nur ein Beispiel.

Pippi:

____

____

Ja, ein schönes Beispiel. Ein Junge, der nur so mit dem Geld um sich wirft. Was soll er denn machen, wenn er vielleicht mal in die Hauptstadt von Portugal kommt, wo alles so teuer ist?

Lehrerin: Ich glaube, wir machen für heute Schluss mit dem Rechnen.

Pippi: *(geht nach vorn und streichelt der Lehrerin die Wange)* Das war das Klügste, was du bisher gesagt hast. Du bist so lieb und nett, und ich mag dich richtig gern, aber du bist ein bisschen anstrengend, gib das zu!

Lehrerin: Aha, meinst du? Was, findest du, sollten wir jetzt machen?

Pippi: *(springt auf und stellt sich auf den Tisch)* Ich weiß, wir spielen. Ich kenn ein Spiel, das heißt „Nicht den Fußboden

* **Mark:** Eine Mark (100 Pfennig) entspricht etwa 0,50 Euro.

berühren". *(Sie fängt an, von einem Tisch zum anderen zu springen.)* Das geht einfach so, man springt herum und darf nicht ein einziges Mal den Fußboden berühren, sonst ist man raus.

Lehrerin: Nein, Pippi, so etwas können wir nicht machen. Setz dich sofort auf deinen Platz!

Pippi: Aber ich hab doch gerade erst angefangen.

Lehrerin: Setz dich auf deinen Platz, sage ich.

Pippi: *(untergeben und nett)* Gut, wenn du es unbedingt so willst, dann tu ich das.

Lehrerin: *(mit mühsam erkämpfter Beherrschung)* Kannst du eigentlich lesen, Pippi?

Pippi: Ich weiß es nicht, weil ich es nie probiert hab.

Lehrerin: Dann musst du zuallererst die Buchstaben kennen lernen.

Pippi: Was du nicht sagst. Dann fang mal an!

Lehrerin: *(hält ein Bild mit einem Igel darauf hoch)* Hier siehst du einen Igel, und dieser Buchstabe vor der Nase des Igels, der heißt i.

Pippi: *(erinnert sich an etwas)* Bist du sicher? Ich finde, das sieht aus wie ein gerader Strich mit einem kleinen Fliegendreck obendrauf.
Aber du, ich hab so viel von dieser Plutimikation gehört. Wie macht man denn das?

Lehrerin: Wovon? Was meinst du?

Annika:

Sie meint Multiplikation.

Pippi: Ja, das hab ich doch gesagt. Plutimikation, das klingt, als ob es ein Tanz sei. *(Sie tanzt und trällert dabei das Wort Plutimikation, bis sie sich ungestüm zu Boden fallen lässt.)* Nun muss ich mich aber ausruhen.

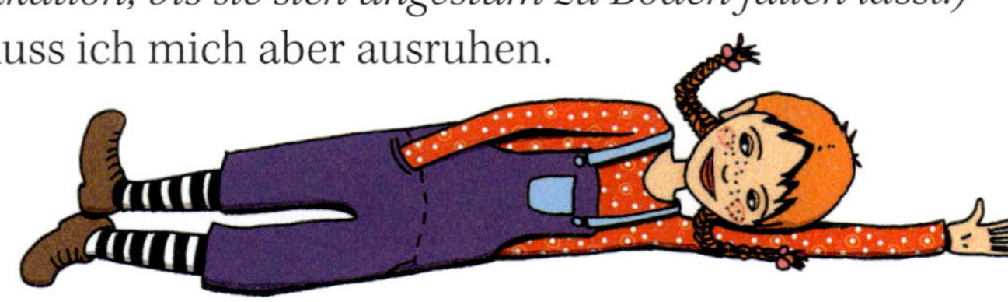

Lehrerin: Pippi, jetzt ist es aber genug! Komm mal her, ich muss mit dir reden. Also …

Pippi: *(erhebt sich und geht gehorsam zum Katheder)* Zu viel Gelehrsamkeit kann selbst den Gesündesten kaputtmachen. Weißt du was, ich glaube, ich geh nicht länger in die Schule. Mir ist schon ganz schwindlig von all dem, mit Gustaf und dem Schulausflug und wie viele Äpfel Anton hatte und von all den Igeln und dem Fliegendreck. Ich hoffe, dass du nicht traurig bist, wenn ich jetzt nach Hause geh.

Lehrerin: Doch, Pippi, ich bin bestimmt traurig. Ich werde immer traurig, wenn ich ein kleines Mädchen sehe, das sich nicht ordentlich benehmen will.

Pippi: *(erstaunt und traurig)* Hab ich mich denn schlecht benommen?

Lehrerin: Das kann man wohl sagen!

Pippi: *(ruft mit kläglicher, trauriger Stimme)* Aber das habe ich selbst gar nicht gewusst.

Lehrerin: *(streichelt sie freundlich)* Du kannst es vielleicht nicht besser.

Pippi:

____

____

____

Nee, wenn man eine Mama hat, die ein Engel im Himmel ist, und einen Papa, der Seeräuber ist, und wenn man selbst sein ganzes Leben auf dem Meer gesegelt ist, dann weiß man nicht, wie man sich in der Schule zwischen all den Äpfeln und Igeln benehmen soll.

Lehrerin: *(streichelt sie wieder)* Das versteh ich, Pippi. Und wenn du ein wenig älter bist, kannst du vielleicht wieder in die Schule kommen.

Pippi: Ja, wenn noch ein paar Igel übrig sind.

Lehrerin: *(klatscht in die Hände)* So. Schluss für heute. *(geht ab)*

Pippi: Tschüss, Kinder.

Annika: Ich finde, es war mit dir viel lustiger in der Schule als sonst.

Pippi: Ja, natürlich. Aber da lob ich mir die Schule in Amerika. In so eine Schule müsstet ihr gehen. Da gibt es überhaupt keine Igel, und Lesen haben sie nur freitags, aber nur dann, wenn es Bücher gibt. Aber die gibt's nie.

Thomas: Was machen sie denn da in der Schule?

Pippi: Bonbons essen von morgens bis abends.

Annika: Gibt es dort so viele Bonbons?

Pippi: Ja, von der Bonbonfabrik geht ein Rohr direkt ins Schulzimmer und den ganzen Tag kommen da Bonbons raus. Ja, da gibt es reichlich Bonbons.

Thomas: Aber was macht dann die Lehrerin?

Pippi: Sie macht das Papier von den Bonbons ab, du Dummerjan. Du glaubst doch nicht etwa, dass die Kinder das selbst machen? Die gehen ja nicht mal in die Schule. Die schicken ihren Bruder hin.

Annika: Oh, jetzt lügst du wieder.

Pippi: Ja, ein bisschen vielleicht.

Annika: Aber damit musst du aufhören.

Pippi: Ich werd's versuchen. (...)

Thomas:

____

Aber ich finde es schade, dass du nicht mehr in die Schule gehen willst.

Pippi: Nee, nicht, wenn die ganze Zeit nur gefragt und gefragt wird. Tschüss, Kinder, lasst es euch gut gehen in der Schule und vergesst nicht, wie viele Äpfel Anton hatte, sonst werdet ihr unglücklich. Ha, ha, ha.

3 Unterstreiche die Adjektive, die auf Pippis Verhalten zutreffen. Streiche die unpassenden Adjektive durch. Füge selbst noch weitere passende Adjektive hinzu.

Pippi ist vorlaut, wütend, schüchtern, ängstlich, mutig, selbstbewusst, enttäuscht, einsichtig, zurückhaltend, unverschämt, aggressiv, dumm, klug, traurig, höflich,

____

4 Ordne den drei anderen Figuren aus dem Text passende Adjektive zu.

Lehrerin: ______________________________

____

Thomas: ______________________________

Annika: ______________________________

5 Überlege, welche Regieanweisungen noch eingefügt werden könnten. Schreibe sie in den Text auf die Linien (S. 16, 18–22). Deine Ergebnisse aus Aufgabe 4 können dir dabei helfen.

6 Nachdem ihr die Szene mit verteilten Rollen gelesen habt, bereitet euch nun darauf vor, sie zu spielen.

a) Beschreibe dafür zunächst, wie das Bühnenbild dieser Szene aussehen könnte.

____

____

b Überlege dir, welche Requisiten benötigt werden. Markiere dazu im Sprechtext auf den Seiten 15–22 jeweils die Stellen, an denen sie verwendet werden sollen. Notiere die Requisiten in der Tabelle.

Zeile	**Requisiten**

c) Notiere deine Vorschläge, welche Kostüme die Hauptpersonen tragen könnten.

Pippi Langstrumpf	
die Lehrerin	
Thomas	
Annika	

d) Tauscht euch über eure Vorschläge in der Klasse aus. Baut ein Bühnenbild auf, erstellt Requisiten, die ihr benötigt, besorgt oder bastelt Kostüme und spielt die Szene wie in einem richtigen Theater.

Eine Szene schreiben

1 Sieh dir die Bildergeschichte an. Lies die Überschrift. Fasse in einem Satz zusammen, um was es in der Geschichte geht.

____

____

e. o. plauen

Vater hat geholfen

____

____

____

____

____

____

____

____

2 Überlege, wie die Geschichte ausgehen könnte.
Male es in das sechste Bild.

3 Beschreibe nun, was auf jedem Bild passiert.

a) Notiere dazu Stichwörter neben die Bilder.

b) Schreibe in dein Heft, was die Personen sagen könnten.

c) Füge zu Bild 6 eigene Sprechtexte hinzu.

4 Überlege, an welchen Orten die Geschichte spielt.

____

5 Schreibe anhand deiner Aufzeichnungen ein kleines Theaterstück.

a) Schreibe für jeden Ort (Aufgabe 4) eine eigene Szene.

b) Schreibe die Sprechtexte und Regieanweisungen (Aufgabe 3) in dein Heft. Entscheide, ob du einen Erzähler einsetzen willst. Schreibe so:

Szene 1:
(Zu Hause bei Vater und Sohn im Wohnzimmer)
Sohn: (sitzt jammernd über seinen Hausaufgaben)
Wie soll ich nur diese schwere Aufgabe lösen? ...

Tipp: Halte dich beim Schreiben der Szenen an eine bestimmte Form, z. B.:
- auftretende Figuren unterstreichen
- Regieanweisungen für Figuren und Szene in Klammern setzen
- Sprechtexte für Figuren ohne Anführungszeichen schreiben

6 Suche dir nun Schauspieler innerhalb der Klasse aus und probt gemeinsam. Spielt euch gegenseitig eure Szenen vor.

Sketche spielen und schreiben

1 Lies zunächst das Rollenspiel.

Lieschen und der Ofen

(Im Wohnzimmer, die Oma sitzt auf dem Sessel mit einer Wolldecke, Lieschen kommt ins Zimmer.)

Oma: *(ruft)* Lieschen, feure mal den Ofen an!

Lieschen: Mach ich, Oma! *(sie geht zum Ofen)* Ofen vor, noch ein Tor! Ofen vor, noch ein Tor!

Oma: *(schlägt sich entsetzt vor die Stirn)* Lieschen, so doch nicht! Ich meinte, du solltest den Ofen anmachen!

Lieschen: Ach so. *(blickt den Ofen verliebt an)* Hallo, Ofen, hast du heute Abend schon was vor?

2 Beschreibe kurz, wie du auf diese Szene reagiert hast.

____

3 Welches Missverständnis entsteht in dieser Szene?

____

____

4 Eine kurze, lustige Szene wie diese nennt man einen „Sketch". Sketche enden oft mit einer (lustigen) Überraschung. Deshalb eignen sich Witze besonders gut, um sie in Sketche umzuformen. Lies die folgenden Witze.

Markus findet vor dem Elternhaus einen Hunderteuroschein und steckt ihn kurzerhand ein. Meint ein Passant: „Den musst du doch im Fundbüro abgeben!" – „Nein, der gehört meiner Mutti!" – „Und woher willst du das wissen?" – „Weil Papa sagt, dass Mutti immer das Geld zum Fenster rauswirft!"

Der Fotograf sagt zu dem kleinen Buben: „Pass auf, gleich kommt hier vorne ein Vögelchen heraus!" Antwortet der Junge: „Achten Sie lieber auf die richtige Blende und Belichtungszeit, sonst geht die Aufnahme zum Teufel!"

Peter kommt aufgeregt und zu spät in die Schule: „Bitte, ich bin von Räubern überfallen worden!" – „Was hat man dir geraubt?" – „Gott sei Dank nur die Hausaufgaben."

Der Lehrer stellt David folgende Frage: „Angenommen, du hättest fünf Euro und würdest deine Mutter um weitere vier Euro bitten, wie viel Geld würdest du dann haben?" – David: „Fünf Euro!" – „Kannst du denn immer noch nicht rechnen?" – „Doch, schon, aber Sie kennen meine Mutter nicht!"

„Sag mal, Papa, kannst du deinen eigenen Namen ganz schnell schreiben?" – „Aber sicher, mein Sohn." – „Und kannst du das auch mit geschlossenen Augen?" – „Natürlich." – „Gut. Dann mach jetzt fest die Augen zu und unterschreib ganz schnell mein Zeugnis."

5 Suche dir einen Witz aus und forme ihn in einen kurzen Sketch um. Notiere Figuren und Regieanweisungen und beschreibe auch ein mögliches Bühnenbild. Schreibe den Sketch in dein Heft.

6 Spielt euch eure Sketche in der Klasse vor.

Theaterszenen zu Ende schreiben

Hans-Peter Tiemann

Aliens in Niederottenbach

1 Um was könnte es in einem Stück mit dieser Überschrift gehen? Notiere deine Vermutungen im Heft.

2 Lest den Text mit verteilten Rollen.

1. Szene: Auf der Wiese

(Die Bühne ist nur schwach beleuchtet. Man sieht die Lichtstrahlen der Taschenlampen, mit denen die Kinder den Himmel ableuchten. Sie liegen oder sitzen nebeneinander auf der Wiese.)

Ulf Trillmich: *(steht zunächst abseits und wendet sich an das Publikum)* Vor ein paar Wochen hat Sören Heidebrecht Außerirdische gesehen. Er behauptet es jedenfalls. Wir haben natürlich sofort einen Verein zur Überwachung des Luftraumes von Niederottenbach gegründet. Unser Ziel ist es, Kontakt mit den Außerirdischen aufzunehmen und sie dazu zu überreden, sich die Weltherrschaft mit Käthe, Harry, Sören, Sven Finke und mir zu teilen. Dazu treffen wir uns fast jeden Abend nach Einbruch der Dunkelheit auf der Kuhwiese vom alten Tschoppe. Da liegen wir dann im Gras und suchen den Himmel mit unseren Taschenlampen ab …
(Ulf geht zu den anderen Kindern und legt sich neben sie.)

Harry: Still, wer kommt da?

Sören: *(leise)* Ich bin's, Leute, …

Ulf: Hallo, Sören.

Sören: Hallo, Ulf! Ich darf heute nur bis halb zehn bleiben.

Käthe: Wir bleiben auch nicht länger.

Harry: Meine Taschenlampe gibt sowieso gleich den Geist auf. Hast du eine mitgebracht?

Sören: Klar, Harry, den Power-Beamer, den hat mir mein Vater mitgegeben.

Sven: Wow, mit dem Scheinwerfer kannst du Captain Kirk bis auf die Unterhose leuchten.

Sören: Zeig mal ... was da oben am Nachthimmel wohl alles rumfliegt ... Satelliten, Weltraumschrott, Kometen, Meteoriten ... Da wär ich jetzt gern ...

Käthe: Ich find's herrlich hier draußen. Das Gras duftet so wunderbar ...

Sven: Wir sind hier nicht bei Greenpeace, Käthe. Wir jagen Außerirdische.

Harry: Jagen ist ja wohl das falsche Wort, Sven.

Ulf: Da oben bewegt sich etwas ... jetzt blinkt es ...

Käthe: Nur ein Flugzeug, Ulf.

Sven: Ich finde, die ganze Funzelei hier bringt gar nichts.

Sören: Weißt du was Besseres, Sven Finke?

Sven: Wir liegen heute den fünften Abend hier in der Wiese, holen uns 'n nassen Arsch und halten unsere Taschenlampen in den Himmel.

Käthe: Na und?

Harry: Vielleicht haben uns die Außerirdischen schon längst mit ihren Infrarot-Sensor-Kameras entdeckt.

Sven: Klar, Harry, die haben fünf Beknackte auf der Wiese liegen sehen, sind auf die Bremse gelatscht und haben mit ihrem Raumschiff den Rückwärtsgang eingelegt. Ich habe jedenfalls keine Lust mehr, mich hier zu erkälten. *(steht auf und will gehen)*

Ulf: *(hält ihn zurück)* Sven, du bleibst hier!

Harry: Vielleicht sollten wir mal alle zusammen im Takt blinken.

Käthe: Ja los, Lampen klar?

Alle: Lampen sind klar!

(Die Kinder blinken nun im Takt.)

Käthe: Ich zähle bis drei: eins – zwei – drei, an – aus – an – aus – an – aus ...

Sven: Wir könnten ja auch mal rufen: *(laut)* Hey, ihr da oben, hört ihr uns?

Sören: Ich hab sie jedenfalls vor ein paar Wochen mit eigenen Augen gesehen.

Sven: Wir wissen es, Sören, wir wissen es. Allerdings ...

Sören: Allerdings was? Glaubst du mir etwa nicht?

Sven: Ich darf es ja wohl noch komisch finden, dass du sagst, dass du gesehen hast, wie die Außerirdischen ausgerechnet in einem Pizzataxi vorbeigefahren sind.

Sören: Hätten sie mit einem Raumkreuzer durch Niederottenbach kurven sollen?

Harry: Das mit dem Pizzataxi war Tarnung, Sven Finke, geschickte Tarnung.

Sven: Wahrscheinlich haben die Aliens auch noch Pizza gebacken und ausgeliefert. *(spielt)* Los, wir funzeln mal 'ne Bestellung zur Milchstraße hoch: Fünfmal 39 ohne Sardellen – ob die noch kross sind, wenn die hier unten ankommen?

Harry: Rede lieber halb so viel und blink endlich weiter!

Sören: Wir könnten ja heute mal eher Schluss machen. Ich krieg schon 'n steifen Hals vom ewigen Hochgucken.

Harry: Du musst ganz viel Geduld haben, Sören. Ich habe ausgerechnet, dass unsere Chancen um mehr als 100 Prozent steigen, wenn wir mindestens 75 Millionen Jahre hier im Gras liegen bleiben und weiterfunzeln.

Sören: Ich wette, dass meine Batterie vorher schlappmacht.

Ulf: Vielleicht gibt es einen anderen Weg, Kontakt mit ihnen aufzunehmen ...

Sven: Wir geben einfach ein Inserat in der Zeitung auf: „Aliens, bitte meldet euch in den nächsten 75 Millionen Jahren bei Tim Sander, Telefon Niederottenbach 61042".

Ulf: Bis dahin sind mir längst die Ohren abgefallen.

Sören: *(lacht)* Und den Hörer kriegst du dann auch nicht mehr hoch.

Käthe: *(springt auf)* Aber wir könnten heute schon eine Nachricht für sie hinterlassen …

(Die anderen Kinder erheben sich ebenfalls.)

Sven: Genau, Käthe, so 'ne Art Anrufbeantworter für Außerirdische …

Ulf: Eine Botschaft, die sie auch noch in dreihunderttausend Jahren erreichen wird …

Sören: Wie wär's, wenn wir etwas vergraben, eine Kiste vielleicht mit wichtigen Gegenständen aus der Gegenwart.

Harry: *(schwärmt)* Eine Visitenkarte unserer Zivilisation …

Käthe: Eine „So-lebt-die-Menschheit-im-Jahr-2009-Kiste".

Sven: Ihr seid genial, Leute, absolut genial!

3 Beantworte folgende Fragen zum Text. Schreibe in Stichworten.

- Warum kommen die Kinder auf die Idee, Aliens zu beobachten?

____

____

- Warum wird ihnen die Beobachtungsaufgabe nach einer Weile langweilig?

____

____

- Welche Idee haben sie nun stattdessen?

____

____

4 Lest auch die zweite Szene mit verteilten Rollen.

2. Szene: Bei Trillmichs im Haus

(Ulf kommt vergnügt durch den Zuschauerraum. Dabei zeigt er den Zuschauern sein „Beutestück", eine Dose, in der eine Zahnspange liegt.)
Ulf: *(zum Publikum)* Seht mal, was der Ulf hier in der Dose hat ... ein Prachtstück, oder? Und mein liebes Schwesterlein hat nichts gemerkt.
(Er sieht nicht, dass ihn Corinna bereits auf der Bühne erwartet, geht auf sie zu und bekommt einen Schreck. Corinna verfolgt ihn, er flüchtet in sein Zimmer und knallt die Tür hinter sich zu.)
Corinna: *(böse)* Gib sie her, du Mistkerl! Gib die Zahnspange her! *(Corinna rüttelt an der Tür.)* Du sollst mir die Zahnspange geben, Ulf!
(Frau Trillmich kommt dazu.)
Hannelore: Was ist denn, Corinna, warum streitet ihr euch?
Corinna: Tim hat mir die Zahnspange geklaut, weil er sie in den Weltraum schießen will.
Hannelore: Ulf? *(Sie klopft an die Tür.)* Schließ sofort die Tür auf! *(Er öffnet die Tür.)* Stimmt das, was deine Schwester sagt?
Ulf: Ich will ihre Zahnspange nicht abschießen, ich will sie nur vergraben.
Corinna: Noch schlimmer, du Mistkerl!
Hannelore: Corinna, bitte!
Ulf: Sie schiebt sich das alte Ding ja sowieso nie in den Mund!
Corinna: Tu ich doch!
Ulf: Tust du nicht!
Hannelore: Dr. Herkströter hat ihr erlaubt, stundenweise auf die Zahnspange zu verzichten.
Ulf: Also darf ich sie stundenweise vergraben.
Corinna: Her damit, Brüderchen!

Ulf: *(gibt auf)* Bitte, hier hast du sie! *(gibt ihr die Zahnspange)*

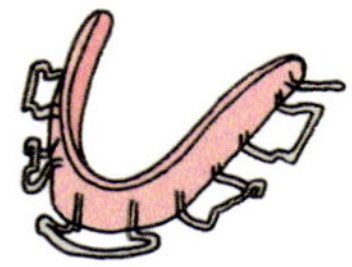

Hannelore: Und du wolltest sie wirklich in der Erde vergraben, Ulf?

Ulf: Ich brauche sie für die „So-leben-wir-im-Jahr-2009-Kiste". Die Zahnspange ist ein wichtiges Zeugnis unserer gegenwärtigen Kultur.

Corinna: Er will damit Aliens erschrecken.

Ulf: Ich will sie nicht erschrecken, ich will sie aufklären.

Corinna: Leg doch ein Foto von dir in die Kiste, dann fliegen sie gleich weiter.

Ulf: Dumme Ziege!

Hannelore: Schluss jetzt, Ulf! *(zu Corinna)* Und du schiebst endlich deine Zahnspange in den Mund!

5 Erkläre, warum Ulf seiner Schwester die Zahnspange wegnehmen wollte.

____

____

6 Tausche dich mit einer Lernpartnerin oder einem Lernpartner aus und beschreibt, wie ihr ein Bühnenbild zu dieser Szene gestalten würdet. Notiert auch, welche Requisiten ihr einsetzen würdet.

Bühnenbild: ____

____

Requisiten: ____

____

7 Was würdest du in eine solche Kiste packen? Überlege, was typisch für deine Zeit ist und was du der Nachwelt zeigen möchtest. Schreibe es auf.

8 Sammelt in Partnerarbeit Ideen, wie das Stück ausgehen könnte.

9 Schreibt das Stück auf der Grundlage eurer Ideen (Aufgabe 8) in eurem Heft zu Ende.

Hans-Peter Tiemann

Liebeskummer XXL

1 Lest das Stück mit verteilten Rollen.

Rollen: Familie Trillmich: Ulf Trillmich (Sohn), Rüdiger Trillmich (Vater), Hannelore Trillmich (Mutter)
Freund von Ulf: Sören Heidebrecht

1. Szene: In Ulfs Zimmer

(Ulf und Sören schälen und hacken Zwiebeln.)
Sören: *(schnieft während des gesamten Dialogs, kann das Weinen nur mühsam unterdrücken)* Ich kann nicht mehr, Ulf. Bei der Hackerei fällt mir der Arm ab, außerdem kommen mir die Tränen.
Ulf: *(schnieft ebenfalls und kämpft gegen die Tränen)* Durchhalten, Sören, du musst durchhalten!
Sören: Zuletzt hab ich so geheult, als dein Vater im Kindergarten den großen dicken Waldbären gespielt hat.
Ulf: Mir geht's auch nicht besser. Meine Augen brennen, als hätte ich mir 'ne Peperoni hinter die Kontaktlinsen geklebt.
Sören: Lass uns mal die Messer tauschen.
Ulf: Hier.
Sören: Wie viele haben wir denn jetzt?
Ulf: Ungefähr drei Kilo. Der Sack ist noch ganz schön voll.
Sören: Fünf Kilo Zwiebeln zerhacken für die Klassenparty.
Ulf: Und alles nur, weil Frau Brauneck heute Abend mit uns Zwiebelkuchen backen will.
Sören: Das ist Tränenfolter.
Ulf: Wir hätten uns für die Dekogruppe melden sollen. Dann könnten wir jetzt Konfetti zerhacken.
Sören: Lass mich mal schälen und du hackst sie klein.
Ulf: Warte, ich brauche dringend 'ne Pause. *(Er geht zur Tür und ruft nach draußen, dabei klingt er sehr verheult.)* Mama!
Hannelore: *(aus einem anderen Zimmer)* Was ist denn, Ulf?
Ulf: Hast du mal ein Taschentuch für mich?

Sören: *(ruft ebenfalls)* Für mich bitte auch, Frau Trillmich.
Hannelore: Auf dem Flur in der Schublade neben den Handtüchern. Fehlt euch was, Ulf?
Ulf: *(immer noch verheult)* Nein, nein, nichts weiter, danke, Mama!

2 Stelle Vermutungen darüber an, wie es weitergehen könnte.

____

____

2. Szene: In der Küche

Rüdiger: Sonst hocken die zwei doch immer bei uns in der Küche. Die Jungs haben wohl einen schlechten Tag heute.
Hannelore: Es klang gerade so, als hätten sie einen Weintag.
Rüdiger: Du meinst ... Alkohol – im Kinderzimmer?
Hannelore: Ich meine: Tränen.
Rüdiger: *(erschüttert)* Ulf weint?
Hannelore: Sören Heidebrecht auch. Sie bereiten da oben eine Veranstaltung vor.
Rüdiger: Eine Trauerfeier?
Hannelore: Eine Klassenparty.
Rüdiger: Seit wann sind Klassenpartys zum Heulen?
Hannelore: Es klang jedenfalls so. Vielleicht habe ich es mir ja auch nur eingebildet. Gibst du mir bitte einmal den Salzstreuer?
Rüdiger: Wie kannst du jetzt am Herd herumfuchteln und ans Essen denken.
Hannelore: Die Nudeln brauchen Salzwasser, Rüdiger.
Rüdiger: Unser Sohn verliert Salzwasser, Hannelore.
Hannelore: So schlimm wird es wohl nicht sein.
Rüdiger: Er heult sich da oben die Augen aus dem Kopf und du kochst Spagetti.

Hannelore: Der Junge weint. Na und?

Rüdiger: Na und, na und … *wie* hat er denn geweint? Hat er geschluchzt, gewimmert oder gejammert?

Hannelore: Na ja, ganz normal eben.

Rüdiger: Mit zwölf Jahren weint man nicht ganz normal.

Hannelore: Ich habe nicht so genau hingehört.

Rüdiger: Waren richtige Tränen im Spiel?

Hannelore: Selbstverständlich. Wenn Ulf ohne Tränen weinen kann, sollten wir ihn beim Zirkus anmelden.

Rüdiger: Vielleicht sollten wir ihn beim Therapeuten anmelden.

Hannelore: Beim Therapeuten?

Rüdiger: Als Vater hat man eine Verantwortung.

Hannelore: Du meinst, unser Junge hat ein Problem?

Rüdiger: Ich fürchte, sein Problem ist blond, trägt eine Zahnspange und spielt Cello im Schulorchester.

Hannelore: Ein Mädchen?

Rüdiger: Evelyn Kowalsky.

Hannelore: Die niedliche kleine Kowalsky aus der Schillerstraße?

Rüdiger: Genau die.

Hannelore: Angeblich ist sie die Klassenbeste in allen Fächern.

Rüdiger: Im Köpfeverdrehen kriegt sie jedenfalls eine Eins plus.

Hannelore: Ihr Vater soll übrigens Vogelkundler sein und in seiner Voliere Wellensittiche züchten.

Rüdiger: Wahrscheinlich züchtet er in seinem Kinderzimmer Nebelkrähen. Eine davon heißt Evelyn, und die ist schuld an Ulfs Kummer.

Hannelore: Rüdiger!

Rüdiger: Ich habe Beweise, Hannelore.

Hannelore: Welche Beweise?

Rüdiger: Ganz zufällig habe ich die Kinder heute Morgen nach der Schule beobachtet.

Hannelore: Was hast du gesehen?

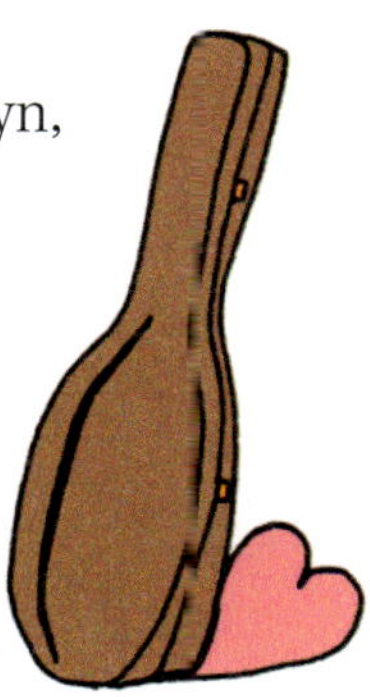

Rüdiger: Ulf hat Evelyn Kowalskys Cellokoffer bis zum Schulbus geschleppt.

Hannelore: Na und? Deswegen heult man doch nicht.

Rüdiger: Mein Sohn schleppt sich mit dem schweren Cello ab, während dieses aufgetakelte frühreife Früchtchen vor seinen Augen mit dem langhaarigen Aushilfs-Ökofritzen aus dem Bioladen in der Kantstraße flirtet.

Hannelore: Ach ja?

Rüdiger: Ich habe es deutlich gesehen.

Hannelore: Was hast du gesehen?

Rüdiger: Sie haben sich … geküsst.

Hannelore: Links ein Küsschen, rechts ein Küsschen. Bei jungen Leuten ist so eine Schnäbelei ganz normal.

Rüdiger: Die Nebelkrähe hat den Ökobubi ziemlich in der Mitte geschnäbelt. Sozusagen: frontaler Dauerbrenner.

Hannelore: Frontaler Dauerbrenner?

Rüdiger: Und mein Sohn musste zusehen und den Cellokasten halten. Kein Wunder, dass er sich jetzt da oben die Augen aus dem Kopf heult.

Hannelore: Kein Wunder.

Rüdiger: Ein Eifersuchtsdrama. (…)

3 Stimmen deine Vermutungen aus Aufgabe 2? Vergleiche.

4 Kreuze die richtigen Antworten an.

- ☐ Ulf und Sören weinen, weil sie Zwiebeln schneiden.
- ☐ Ulf und Sören haben Liebeskummer.
- ☐ Evelyn Kowalsky ist Blockflötenspielerin.
- ☐ Evelyn ist Cellospielerin.
- ☐ Evelyn Kowalsky hat Liebeskummer.
- ☐ Rüdiger bildet sich ein, sein Sohn hätte Liebeskummer.
- ☐ Ulf hat für Evelyn den Cellokoffer getragen.
- ☐ Evelyn Kowalsky trägt eine Zahnspange.

5 Welches Missverständnis entwickelt sich in dieser Szene?

____

____

____

6 Bei Theaterstücken unterscheidet man zwischen

Tragödien  Der Hauptdarsteller erlebt etwas Trauriges.	und	Komödien  Die Leute werden unterhalten und durch lustige Verwicklungen zum Lachen gebracht.

Überlege, ob du das Stück „Liebeskummer XXL" als Tragödie oder als Komödie bezeichnen würdest. Begründe deine Meinung.

Das Stück ist eine ______________________ *, weil*

____

7 Sammle in einem Cluster Ideen, wie das Stück ausgehen könnte. Arbeite in deinem Heft.

8 Schreibe das Stück anhand deiner Notizen in deinem Heft zu Ende. Denke dabei auch an weitere mögliche Orte und Figuren.

Ein Märchen in ein Theaterstück umschreiben

1 Hier wurde ein Märchen in ein Theaterstück umgeschrieben. Lies zunächst den Anfang des Theaterstücks. Es gibt auch einen Erzähler.

Brüder Grimm

Die Bremer Stadtmusikanten

(Der Vorhang ist noch geschlossen, die erste Szene spielt sich vor dem Vorhang ab.)

Erzähler: *(sitzt vorn am Bühnenrand mit einem aufgeschlagenen Märchenbuch)* Es war einmal ein Mann, der hatte einen Esel, welcher schon lange Jahre unverdrossen die Säcke in die Mühle getragen hatte. Nun aber gingen die Kräfte des Esels zu Ende, sodass er zur Arbeit nicht mehr taugte. Da dachte der Herr daran, ihn wegzugeben. Aber der Esel merkte, dass sein Herr etwas Böses im Sinn hatte, lief fort und machte sich auf den Weg nach Bremen. Dort, so meinte er, könnte er ja Stadtmusikant werden.

(Vorhang auf, auf der Bühne steht ein Wegweiser, auf dem steht: „Nach Bremen“)

Esel: *(läuft auf dem Bühnenrand hin und her)* Iah!, iah!, ich gehe jetzt nach Bremen.

Hund: *(trottet auf die Bühne, legt sich hin und heult)* Oh, ich bin ja so unglücklich!

Esel: Warum heulst du denn so, Packan?

Hund: *(jaulend)* Ach, weil ich alt bin, jeden Tag schwächer werde und auch nicht mehr auf die Jagd kann, wollte mich mein Herr totschießen. Da hab ich Reißaus genommen. Aber womit soll ich nun mein Brot verdienen?

Esel: Weißt du was, ich gehe nach Bremen und werde dort Stadtmusikant. Komm mit mir und lass dich auch bei der

Musik annehmen. Ich spiele die Laute und du schlägst die Pauke.

Hund: Einverstanden. Das ist eine gute Idee.

Erzähler: *(liest aus dem Märchenbuch)* Sie gingen zusammen weiter. Es dauerte nicht lange, da sahen sie eine Katze am Wege sitzen, die machte ein Gesicht wie drei Tage Regenwetter.

Katze *(erscheint am Bühnenrand und legt sich jammernd hin)*

Esel: Was ist denn dir in die Quere gekommen, alter Bartputzer?

Katze: Wer kann da lustig sein, wenn's einem an den Kragen geht. Weil ich nun alt bin, meine Zähne stumpf werden und ich lieber hinter dem Ofen sitze und spinne als nach Mäusen herumjage, hat mich meine Frau ersäufen wollen. Ich konnte mich zwar noch davonschleichen, aber nun ist guter Rat teuer. Wo soll ich jetzt hin?

Esel: Geh mit uns nach Bremen! Du verstehst dich doch auf die Nachtmusik, da kannst du Stadtmusikant werden.

Erzähler: Die Katze hielt das für gut und ging mit. Als die drei so miteinander gingen, kamen sie an einem Hof vorbei. Da saß der Haushahn auf dem Tor und schrie aus Leibeskräften.

(Der Vorhang öffnet sich. Bühnenbild: Hof und Baum im Vordergrund, der Hahn sitzt im Baum, z. B. dargestellt durch eine Stehleiter, die mit Zweigen versehen ist.)

Hahn: ...

2 Spielt die Szene mit verteilten Rollen.

3 Schreibe in Stichpunkten auf, was du schon über das Märchen weißt. Wenn du das Märchen nicht kennst, überlege, wie es weitergehen könnte. Beachte auch die Überschrift.

____

____

____

4 Warum ist ein Erzähler in diesem Stück hilfreich? Notiere deine Überlegungen.

____

____

5 Lies nun, wie das Märchen weitergeht.

„Du schreist einem durch Mark und Bein", sprach der Esel, „was hast du vor?" „Die Hausfrau hat der Köchin befohlen, mir heute Abend den Kopf abzuschlagen. Morgen, am Sonntag, haben sie Gäste, da wollen sie mich in der Suppe essen. Nun schrei ich aus vollem Hals, solang ich noch kann." „Ei was", sagte der Esel, „zieh lieber mit uns fort, wir gehen nach Bremen, etwas Besseres als den Tod findest du überall. Du hast eine gute Stimme, und wenn wir zusammen musizieren, wird es gar herrlich klingen." Dem Hahn gefiel der Vorschlag und sie gingen alle vier zusammen fort. Sie konnten aber die Stadt Bremen an einem Tag nicht erreichen und kamen abends in einen Wald, wo sie übernachten wollten. Der Esel und der Hund legten sich unter einen großen Baum, die Katze kletterte auf einen Ast, und der Hahn flog bis in den Wipfel, wo es am sichersten für ihn war. Ehe er einschlief, sah er sich noch einmal nach allen vier Windrichtungen um. Da bemerkte er einen Lichtschein. Er sagte seinen Gefährten, dass in der Nähe ein Haus sein müsse, denn er sehe ein Licht. Der Esel antwortete: „So wollen wir uns aufmachen und noch hingehen, denn hier ist die Herberge schlecht." Der Hund meinte, ein paar Knochen und etwas Fleisch daran täten ihm auch gut. Also machten sie sich auf den Weg nach der Gegend, wo das Licht war. Bald sahen sie es heller schimmern, und es wurde immer größer, bis sie vor ein hell erleuchtetes Räuberhaus kamen. Der Esel, als der Größte, näherte sich dem Fenster und schaute hinein. „Was siehst du, Grauschimmel?", fragte der Hahn. „Was ich sehe?", antwortete der Esel. „Einen gedeckten Tisch mit schönem Essen und Trinken, und Räuber sitzen rundherum und lassen sich's gutgehen!" „Das wäre etwas für uns", sprach der Hahn. Da überlegten die Tiere, wie sie es anfangen könnten, die Räuber hinauszujagen.

Endlich fanden sie ein Mittel. Der Esel stellte sich mit den Vorderfüßen auf das Fenster, der Hund sprang auf des Esels Rücken, die Katze kletterte auf den Hund und zuletzt flog der Hahn hinauf und setzte sich der Katze auf den Kopf.

Als das geschehen war, fingen sie auf ein Zeichen an, ihre Musik zu machen: Der Esel schrie, der Hund bellte, die Katze miaute und der Hahn krähte. Darauf stürzten sie durch das Fenster in die Stube hinein, dass die Scheiben klirrten. Die Räuber fuhren bei dem entsetzlichen Geschrei in die Höhe. Sie meinten, ein Gespenst käme herein, und flohen in größter Furcht in den Wald hinaus.

Nun setzten sich die vier Gesellen an den Tisch, und jeder aß nach Herzenslust von den Speisen, die ihm am besten schmeckten. Als sie fertig waren, löschten sie das Licht aus und jeder suchte sich eine Schlafstätte nach seinem Geschmack. Der Esel legte sich auf den Mist, der Hund hinter die Tür, die Katze auf den Herd bei der warmen Asche und der Hahn flog auf das Dach hinauf. Und weil sie müde waren von ihrem langen Weg, schliefen sie bald ein. Als Mitternacht vorbei war und die Räuber von weitem sahen, dass kein Licht mehr im Haus brannte und alles ruhig schien, sprach der Hauptmann: „Wir hätten uns doch nicht sollen ins Bockshorn jagen* lassen." Er schickte einen Räuber zurück, um nachzusehen, ob noch jemand im Hause wäre. Der Räuber fand alles still. Er ging in die Küche und wollte ein Licht anzünden. Da sah er die feurigen Augen der Katze und meinte, es wären glühende Kohlen. Er hielt ein Schwefelhölzchen* daran, dass es Feuer fangen sollte. Aber die Katze verstand keinen Spaß, sprang ihm ins Gesicht und kratzte ihn aus Leibeskräften. Da erschrak er gewaltig und wollte zur Hintertür hinauslaufen. Aber der Hund, der da lag, sprang auf und biss ihn ins Bein. Als der Räuber über den Hof am Misthaufen vorbeirannte, gab ihm der Esel noch einen tüchtigen Schlag mit dem Hinterfuß. Der Hahn aber, der von dem Lärm aus dem Schlaf geweckt worden war, rief vom Dache herunter: „Kikeriki!"

* **sich (nicht) ins Bockshorn jagen lassen:** sich (nicht) einschüchtern lassen

* **ein Schwefelhölzchen:** ein Streichholz

Da lief der Räuber, was er konnte, zu seinem Hauptmann zurück und sprach: „Ach, in dem Haus sitzt eine gräuliche Hexe, die hat mich angehaucht und mir mit ihren langen Fingern das Gesicht zerkratzt. An der Tür steht ein Mann mit einem Messer, der hat mich ins Bein gestochen. Auf dem Hof liegt ein schwarzes Ungetüm, das hat mit einem Holzprügel auf mich losgeschlagen. Und oben auf dem Dache, da sitzt der Richter, der rief: ‚Bringt mir den Schelm her!' Da machte ich, dass ich fortkam."

Von nun an getrauten sich die Räuber nicht mehr in das Haus. Den vier Bremer Stadtmusikanten aber gefiel's darin so gut, dass sie nicht wieder hinauswollten.

6 Notiere alle Orte, an denen das Märchen spielt.

____

____

7 Markiere folgende Textstellen farbig:
wörtliche Rede → rot
was im Theaterstück vom Erzähler vorgetragen werden soll → gelb
Hinweise auf mögliche Regieanweisungen → grün

8 Schreibe das Märchen als Theaterstück weiter.
Nutze dazu die Ergebnisse der Aufgabe 7.
rot → Schreibe daraus die Sprechtexte der Schauspieler.
gelb → Diese Texte liest der Erzähler vor.
grün → Damit kannst du Regieanweisungen formulieren.

Ein Theaterstück proben

1 Lies die folgenden zwei Szenen.

Gestrandet auf einer Insel

1. Szene

(An Deck eines Kreuzfahrtschiffs – im Hintergrund ist die Reling zu sehen, vorne stehen drei Liegestühle und eine kleine Bar, an der Bar lehnen ein Polizist und ein Arzt, ein Kind spielt bei den Liegestühlen mit einem Ball, auf einem Liegestuhl liegt eine Lehrerin, auf dem zweiten liegt ein Handwerker und liest Zeitung, auf dem dritten eine Bäuerin. Allen Personen ist der Beruf an der Kleidung anzusehen.)

Arzt: *(bestellt lautstark)* Ich hätte gern einen starken Kaffee.

Polizist: Dass ich nicht lache! Sie trinken Kaffee? Sind Sie nicht Arzt? Da sollten Sie mit gutem Beispiel vorangehen und lieber einen Früchtetee bestellen. Das ist gesünder! *(lacht schallend)*

Arzt: *(empört)* Als wenn Sie das etwas angeht. Nun tun Sie mal nicht so. Benehmen Sie sich denn im Straßenverkehr immer vorbildlich, nur weil Sie Polizist sind?

Polizist: *(aufbrausend)* Was heißt hier nur? Ich habe den wichtigsten Beruf überhaupt. Ich bin der Freund und Helfer der Nation, ohne mich geht es nicht!

Arzt: *(laut)* Freund und Helfer? Ein Freund wollen Sie sein, der einem Arzt nicht einmal eine Tasse Kaffee gönnt? Und wo Sie gerade beim Thema wichtigster Beruf sind, den wichtigsten Beruf habe ich ja wohl! Ich heile Menschen!

Polizist: *(spöttisch)* Mit Kaffee! Haha!

Handwerker: *(sieht von seiner Zeitung auf)* Kleiner Einwand von meiner Seite, Handwerker wie ich sind auch wichtig, sonst könnten Sie sich gar nicht an so einer gemütlichen Bar anlehnen.

Bäuerin: Ach, tatsächlich? Und was will man mit so einer Bar, wenn es nicht Leute gibt wie mich, die Bäuerin, die es verstehen, Früchte anzubauen und zu ernten? Was wäre denn wohl so ein schönes Getränk ohne ein vernünftiges Essen dazu?

Lehrerin: *(öffnet die Augen, nimmt die Sonnenbrille ab und schaut wütend)* Meine Herren, meine Dame, ich muss doch sehr bitten. Ich bin auf diesem Kreuzfahrtschiff, um mich von meinen anstrengenden Schülern zu erholen, und nun gerate ich hier mitten in so eine alberne Streiterei, da komm ich ja vom Regen in die Traufe. Und außerdem, wenn ich noch etwas ergänzen dürfte – mein Beruf erfreut sich auch ganz besonderer Wichtigkeit, ich bin Lehrerin und so sorge ich dafür, dass es gebildete und gut erzogene Kinder gibt und ich …

(Sie wird unterbrochen, weil der Ball des Jungen auf die Theke fliegt, ein Glas fällt zu Boden, der Polizist und der Arzt springen erschrocken zur Seite.)

Arzt: *(lacht spöttisch)* So wohlerzogene Früchtchen wie dieses hier meinen Sie? Viel gelernt haben kann der Junge ja auch nicht in der Schule, sonst hätte er den Schusswinkel wohl etwas besser berechnet!

Polizist: Das bezahlst du von deinem Taschengeld, mein Freund! Bitte pass in Zukunft besser auf.

Junge: Ich bin ein Kind, ich kann nichts dafür, Kinder tun so etwas. Kinder sorgen dafür, dass es in der Welt nicht langweilig wird, denn sie können unbeschwert und fröhlich sein, während die Großen sich über so alberne Probleme streiten, welcher Beruf wichtiger ist. Wir können ja mal den Ritter dort fragen, was er davon hält, vielleicht meint er ja, Ritter seien am wichtigsten?

Lehrerin: *(kopfschüttelnd)* Ritter? Nun geht aber die Fantasie mit dir durch, mein Kleiner. Es gibt doch in der heutigen Zeit keine Ritter mehr!

Bäuerin: *(lachend)* Schon gar nicht auf einem Kreuzfahrtschiff.

Ritter: *(taucht in Ritterrüstung auf und weint)* Das war ja auch nur ein Versehen. Ich habe das falsche Fahrzeug gebucht. „Kreuzzug" habe ich der Frau im Reisebüro erzählt, stattdessen habe ich diese Kreuzfahrt bekommen. Da steh ich nun mit meiner Lanze.

Bäuerin: *(springt erschrocken vom Liegestuhl)* Ein Ritter, wahrhaftig, ein Ritter!

Lehrerin: *(hält sich die Hände vor die Augen)* Meine Migräne! Jetzt bilde ich mir schon ein, auf einem Kreuzfahrtschiff einen Ritter zu sehen.

Junge: Das ist eben das Gute an uns Kindern, wir haben so viel Fantasie, dass dieser Ritter echt wird.

Ritter: *(klappert laut mit seiner Rüstung)* Und wie echt ich bin! Und wichtig obendrein. Wenn ich nun schon einmal auf diesem Schiff bin, dann kann ich ja aufpassen, dass uns nichts passiert, und mich mit meiner Rüstung allem, was gefährlich scheint, in den Weg stellen.

Arzt: Ein Ritter, ein Ritter beschützt uns, dass ich das noch erleben kann, hahaha!

Ritter: Also, denkt dran, wenn Gefahr droht, dann bin ich am wichtigsten!

Kapitän: *(taucht auf)* Nun, wer hier auf dem Schiff am wichtigsten ist, das müssen wir wohl nicht diskutieren, oder? Sie wollen doch wohl schließlich eine angenehme Kreuzfahrt erleben? Sie können froh sein, dass Sie auf meinem wunderbaren Schiff sein dürfen …Und hier droht uns garantiert keine Gefahr!

Lautsprecherdurchsage: Steuermann an Kapitän, Steuermann an Kapitän, bitte kommen Sie sofort auf die Brücke, es gibt hier ein Problem.

(Kapitän verschwindet entsetzt)

(Das Schiff beginnt zu schwanken, alle Personen schwanken gleichzeitig von links nach rechts, klammern sich aneinander, taumeln hin und her, um das schwankende Schiff darzustellen.)

Lautsprecherdurchsage: Liebe Gäste, bewahren Sie Ruhe! Wir haben den Schaden gleich behoben, aber legen Sie vorsichtshalber die Rettungswesten an!

Alle: *(ziehen sich taumelnd Rettungswesten an und klammern sich aneinander)*
Hilfe, wir kentern!

Ritter: *(hantiert nervös mit der Rettungsweste herum)*
Und wie soll ich mich der Gefahr in den Weg stellen, wenn ich diese alberne Rettungsweste über meine wichtige Rüstung ziehen muss?

(Lautes Wasserrauschen ist zu hören, alle schreien laut.)

Alle: Hiiiiiilfe!

VORHANG

2. Szene

(Der Strand einer Insel ist zu sehen.)

Ritter: *(kommt patschnass auf den Strand zugelaufen)* Oh, wie ärgerlich. Das gibt rostige Scharniere, ausgerechnet jetzt, wo ich auf dem Weg zu meinem Ritterfräulein bin. Aber, wer weiß, ob ich von dieser Insel je wieder herunterkomme. *(beginnt zu weinen)* Oh, ich bin ganz allein auf der Welt.

Arzt: *(kommt ebenfalls in Rettungsweste auf die Bühne)* Keineswegs, Herr Ritter. Ich bin auch da. Aber ob ich Ihre Scharniere retten kann, das weiß ich auch nicht.

Polizist: *(schleppt sich hustend auf die Bühne)* So ein Unglück! Da hat unser Kapitän sich aber mächtig vertan. Von wegen! *(äfft den Kapitän nach)* Und hier droht uns garantiert keine Gefahr. Das werde ich alles ins Protokoll schreiben.

Lehrerin: *(kommt ebenfalls an Land)* Und der Steuermann bekommt eine Sechs in „Führung eines Schiffes". Gut, dass diese Insel in der Nähe war! Ah, da kommen ja die Übeltäter!

Kapitän und Steuermann: *(weinen)* Es war nicht unsere Schuld! Ein technischer Defekt, den niemand vorhersehen konnte. Oh, unser schönes Schiff …, nun liegt es auf dem Meeresboden.

Arzt: Viel schlimmer scheint mir zu sein, dass wir hier auf dieser kleinen Insel festsitzen. *(zeigt sein Handy hoch)* Hier hat man ja nicht einmal Empfang, das ist ja wirklich …

Handwerker: *(humpelt auf die Bühne)* Auuuu, aua, mein Bein, ich glaube, ich habe es verstaucht oder gebrochen …! Aua, was ist das für ein Unglück.

Arzt: Lassen Sie mich mal sehen, vielleicht kann ich Ihnen helfen. *(hält einen Koffer hoch)* Zum Glück habe ich meinen Arztkoffer gerettet.

Bäuerin: *(trägt den Jungen auf die Bühne)* So, mein Kleiner, wir haben es geschafft!

Junge: Danke, dass Sie mich gerettet haben, ich kann doch noch nicht schwimmen!

(Alle setzen sich im Kreis zusammen.)

Lehrerin: Meine Herren, meine Dame, mein lieber Junge, ich würde sagen, wir haben ein Problem.

Junge: Das Problem können wir aber lösen.

Alle anderen: Wie denn?

Junge: Bedingung ist, dass keiner mehr meint, nur er oder sie alleine sei wichtig. Jetzt müssen wir gemeinsam unsere Fähigkeiten nutzen, dann schaffen wir es, zu überleben und nach Hause zu kommen!

2 Überlegt gemeinsam in der Klasse, wer welche Rolle übernimmt und wer welche Aufgabe ausführt.

Rollen	Aufgaben
Arzt: ____________	Kostüme: ____________
Polizist: ____________	Requisiten: ____________
Handwerker: ____________	____________
____________	____________
____________	____________

3 Besprecht in kleinen Gruppen, wie jede Rolle gespielt werden soll (Mimik, Gestik, Sprache, ...).

4 Erstellt in eurem Heft einen Beobachtungsbogen. Bei den Proben könnt ihr dort eintragen, wie die Schauspieler ihre Rollen (Aufgabe 3) umsetzen, z. B.:

Beobachtungsbogen

Rolle: *die Lehrerin*

Aussprache: *deutlich, manchmal zu leise*

Gestik: *Hand fasst oft an die Brille → gut*

Mimik: ______

______

5 Beobachtet euch bei den Proben. Tragt in den Beobachtungsbogen ein, wie überzeugend die Schauspieler ihre Rollen spielen und was sie noch verbessern könnten.

6 So geht die Geschichte auf der Insel weiter:

Die Personen erkennen, dass jeder mit seinen Fähigkeiten wichtig ist, und so schaffen sie es, ein Floß zu bauen und wieder nach Hause zu kommen.

a) Schreibe das Stück in deinem Heft zu Ende.

b) Tauscht euch in der Klasse über eure Szenen aus. Entscheidet euch für die besten Ideen.

c) Übt das gesamte Stück in der Klasse ein. Geht wie in Aufgabe 2 bis 5 vor.

7 Wenn ihr das Stück aufführen wollt, müsst ihr zunächst eure Rollen auswendig lernen. Solltet ihr auf der Bühne dennoch einmal stecken bleiben, hilft euch ein Souffleur/eine Souffleuse weiter. Lies dazu den folgenden Text.

Soufflieren bedeutet, den Darstellern flüsternd ein Stichwort zu geben, wenn sie ihren Text vergessen haben. Wer souffliert, steht hinter oder neben der Bühne, wo das Publikum ihn nicht sehen kann. Souffleure und Souffleusen müssen immer den gesamten Spieltext vor sich haben, damit sie jederzeit wissen, an welcher Stelle sich die Darsteller im Stück gerade befinden.

8 Kreuze die richtigen Antworten an.

- ☐ Ein Souffleur hilft, wenn die Akteure ihren Text vergessen haben.
- ☐ Ein Souffleur springt auf die Bühne und übernimmt die Rolle.
- ☐ Ein Souffleur ist für das Bühnenbild zuständig.
- ☐ Ein Souffleur kann eine Hilfe sein, wenn der Schauspieler vor Nervosität seinen Text vergessen hat.
- ☐ Der Souffleur sitzt an einem Platz, wo er für das Publikum nicht sichtbar ist.
- ☐ Der Souffleur sitzt mitten auf der Bühne, damit ihn alle sehen können.
- ☐ Ein Souffleur muss den gesamten Spieltext mitlesen.
- ☐ Ein Souffleur kann zwischendurch Kreuzworträtsel lösen.
- ☐ Ein Souffleur spricht laut und deutlich, sodass ihn Schauspieler und Publikum verstehen.
- ☐ Ein Souffleur gibt dem Schauspieler flüsternd ein Stichwort.

Eine Aufführung planen

1 Sicher habt ihr Lust dazu, eines eurer selbst (zu Ende) geschriebenen Stücke aufzuführen, z. B. in eurer Aula. Natürlich wollt ihr, dass zu eurer Aufführung viele Zuschauer kommen. Deshalb könnt ihr mit Plakaten und Flyern für euer Theaterstück werben.

a) Notiere, welche Informationen auf einer Einladung / einem Plakat / einem Flyer stehen sollten.

Titel des Stücks, ______________________________

____

____

b) Wähle ein Theaterstück für eine mögliche Aufführung aus und gestalte ein Werbeplakat dazu.
Hier kannst du eine Ideenskizze zeichnen.

Nun heißt es „Vorhang auf" – viel Spaß bei der Aufführung!

SEITE 4

1 a) *Das könntest du geschrieben haben:*
Auf dem Bild ist zu sehen, wie Kinder Theater spielen. Sie tragen Kostüme und haben Requisiten bei sich. Die Scheinwerfer beleuchten die Bühne. Die Kinder spielen vor Publikum.

1 c) *So könnte deine Mindmap aussehen:*

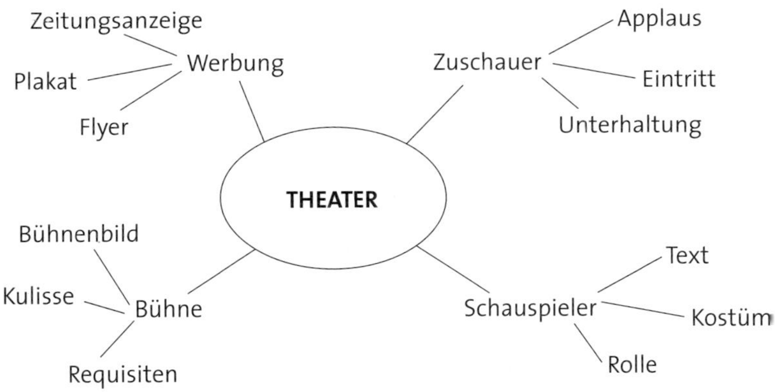

SEITE 5

3 *Das könntest du geschrieben haben:*
Ein Schauspieler muss laut und verständlich sprechen können. Er muss sich mit Mimik und Gestik verständlich machen können.

4 *So könnte deine Begründung lauten:*
Die Szene 2 passt besser zum Bild, weil sie lustiger ist und sich besser zum Theaterspielen eignet.

SEITE 6

5 *Das könntest du geschrieben haben:*
Die linke Person spielt die Lehrerin, denn sie hat einen Rock an, trägt eine Brille und hält Kreide in der Hand. Die Person in der Mitte spielt den Detektiv, weil er eine große Lupe in der Hand hält. Die Person rechts spielt den Reporter, denn er hat ein Aufnahmegerät in der Hand und einen Fotoapparat um den Hals.

SEITE 7

6 *So könnte deine Lösung lauten:*
- links: traurig – Ich habe meine Uhr verloren.
- rechts: fröhlich – Ich freue mich auf unser Theaterspiel heute Nachmittag!

7 *So könnte deine Lösung lauten:*
in die Ferne schauen / Mir ist kalt. / Liebesbrief lesen / Luftgitarre spielen

SEITE 8

8 *Das könntest du markiert haben:*
Schauspieler, unterhalten, deutlich und laut sprechen,
beim Sprechen zum Publikum drehen, nicht zu schnell sprechen

9 b) *Das könntest du geschrieben haben:*
- ängstlich: zittert, klingt leise und dünn
- mutig: ist laut, klingt tief und ruhig
- fröhlich: „lächelt“, klingt hell und lustig
- traurig: ist gesenkt, klingt leise und weinerlich

SEITE 10

3 *Das könntest du notiert haben:*
Um meine Rolle überzeugend spielen zu können, muss ich mich in die Person einfühlen und mir eine passende Gestik und Mimik überlegen.

4 *Die Zeichnungen zeigen zwei Ideen.*

SEITE 11

1 a) *Die Regieanweisungen sind in beiden Szenen unterschiedlich.*

SEITE 14

3 a) *So könnten die Regieanweisungen der Reihe nach lauten:*
murmelnd, fröhlich, zerstreut, kommt hilfsbereit näher,
fasst sich nachdenklich an die Stirn, schaut sie offen an, drohend,
Augen rollend, stemmt die Hände in die Hüften, beleidigt, wendet sich ab,
spricht zu sich, aufbrausend, versöhnlich, besorgt, genervt, fröhlich,
gucken sich an, fragend

4 *So könnte deine Beschreibung lauten:*
Regieanweisungen legen fest, wie sich der Schauspieler auf der Bühne bewegen und wie er sprechen soll.

SEITE 15

1 *Diese Rollen kommen vor:*
Pippi Langstrumpf, Lehrerin, Thomas, Annika

SEITE 23

3 *So könnte deine Lösung lauten:*
- unterstrichene Wörter: vorlaut, selbstbewusst, dumm, traurig, höflich
- hinzugefügte Wörter: freundlich, lustig, ehrlich, neugierig, ausgelassen, fröhlich, gehorsam, fantasievoll

4 *So könnte deine Lösung lauten:*
Lehrerin: geduldig, streng, verständnisvoll, mitfühlend, fröhlich, kritisch
Thomas: höflich, klug, verstört
Annika: hilfsbereit

5 *So könnten deine Regieanweisungen lauten:*
Lehrerin (S. 16): schaut von einem Kind zum anderen und spricht entschlossen
Pippi (S. 18): stemmt die Hände in die Hüften und sagt streng
Pippi (S. 19): schüttelt mit dem Kopf und ist empört
Annika (S. 20): springt hilfsbereit ein und erklärt
Pippi (S. 21): sitzt traurig mit herunterhängenden Schultern da und sagt leise
Thomas (S. 22): klingt ein bisschen enttäuscht

SEITE 25

1 *So könnte dein Satz lauten:*
Der Vater hilft dem Sohn bei den Schularbeiten und bekommt dadurch Probleme mit dem Lehrer.

SEITE 26

2 *So endet die Bildgeschichte bei e.o. plauen:*

SEITE 27

3 *So könnte deine Lösung lauten:*
Bild 1: *zu Hause, Sohn arbeitet, Vater schaut neugierig*
Sohn: Das ist aber schwer!
Vater: Brauchst du Hilfe?

Bild 2: *Vater nimmt Sohn auf den Schoß, schreibt Hausaufgaben*
Sohn: Da bin ich aber froh.
Vater: Schau mal, ist gar nicht schwer.

Bild 3: *in der Schule, Lehrer staunt über die Hausaufgaben*
Lehrer: Wer hat das geschrieben?
Sohn: Hoffentlich merkt er nichts.

Bild 4: *Lehrer führt Sohn fort, hat Hausarbeit in der Hand*
Lehrer: Das wollen wir mit deinen Eltern klären.
Sohn: Das gibt Ärger!

Bild 5: *Lehrer klingelt beim Vater, Sohn ist beschämt, Vater erschrocken*
Lehrer: Ich möchte gern etwas klären.
Sohn: Ich schäme mich.
Vater: Das ist wohl schiefgegangen.

4 *So könnte deine Lösung lauten:*
im Wohnzimmer, im Schulzimmer, auf dem Weg nach Hause, im Hausflur

5 *Dies könnte euer Stück sein:*

Szene 1
(zu Hause bei Vater und Sohn im Wohnzimmer)

Sohn: *(sitzt jammernd über seinen Hausaufgaben)* Wie soll ich nur diese schwere Aufgabe lösen?

Vater: *(schaut neugierig über die Schulter zu seinem Sohn)* Brauchst du Hilfe? Was musst du denn machen?

Sohn: *(verzweifelt)* Ach, die Aufgabe ist so schwer. Wir sollen einen Text schreiben.

Vater: *(kommt näher, setzt sich auf den Stuhl seines Sohnes und nimmt ihn auf den Schoß)* Lass mal sehen. Aber das ist doch kinderleicht! *(und fängt an zu schreiben)*

Sohn: *(sagt leise zu sich)* Ach, da bin ich aber erleichtert. Da muss ich diesen schweren Text nicht selbst schreiben.

Szene 2
(im Schulzimmer, der Lehrer steht vor der Klasse)

Lehrer: *(schaut streng durch seine Brille, erst zum Text, dann zum Schüler)* Dieser Text ist ja sehr gut geschrieben, zu gut für dich, mein Junge. Wer hat den also geschrieben?

Sohn: *(verlegen und stotternd)* Tja, also ... ähm, also ich ...

(Die anderen Kinder in der Klasse verfolgen neugierig den Dialog.)

Szene 3
(auf der Straße, der Lehrer hat den Schüler an der Hand, in der anderen hält er die Hausarbeit)

Lehrer: *(geht mit schnellen Schritten entschlossen in eine Richtung)* Na, das wollen wir am besten mit deinen Eltern klären. Wir gehen jetzt zu dir nach Hause.

Sohn: *(lässt sich vom Lehrer fast ziehen, sagt leise vor sich hin)* Au Backe, das wird großen Ärger geben. Und Vater ahnt noch nichts davon ...

Szene 4
(an der Wohnungstür)

Lehrer: *(guckt streng durch seine Brille und spricht laut und deutlich)* Guten Tag, ich bin zur Klärung eines Sachverhaltes hier. Haben Sie die Hausarbeit Ihres Sohnes geschrieben? Es sieht mir nämlich ganz danach aus.

Vater: *(Die Situation ist ihm peinlich, er zappelt nervös mit seinen Fingern.)* Tja also ... ähm, also ich ...

Sohn: *(hält den Kopf gesenkt und schämt sich)*
Das nächste Mal muss das aber anders laufen.

SEITE 28

3 *So könnte deine Lösung lauten:*
Die Wörter können unterschiedliche Bedeutungen haben:
- anfeuern: jemanden anstacheln, anspornen / Feuer machen
- anmachen: ansprechen oder anbandeln / den Ofen anheizen, ein Gerät anstellen

SEITE 29

5 *So könntest du den Sketch schreiben:*

Markus und der Hunderteuroschein

Mögliches Bühnenbild: eine Straßenlaterne, im Hintergrund ein Haus (z.B. auf die Tafel oder ein Plakat gemalt)

Figuren: Markus, ein Passant

(Markus hüpft von links ins Bild, ein Passant spaziert von rechts ins Bild)

Markus: *(bleibt stehen, fröhlich)* Was haben wir denn da? *(Er bückt sich und hebt einen Hunderteuroschein auf, hält ihn hoch und steckt ihn ein.)*

Passant: *(bleibt ebenfalls stehen, entsetzt)* Den musst du doch im Fundbüro abgeben!

Markus: *(schüttelt den Kopf)* Nein, der gehört meiner Mutter.

Passant: *(wütend)* Und woher willst du das wissen?

Markus: *(zeigt auf das Fenster des Hauses)* Weil Papa sagt, dass Mutti immer das Geld zum Fenster rauswirft.

Beim Fotografen

Mögliches Bühnenbild: im Fotoatelier, eine Lampe ist aufgebaut, ein Hocker und eine Kamera auf einem Stativ

Figuren: Fotograf, ein kleiner Junge

(Der Fotograf steht hinter dem Stativ und sieht durch den Sucher der Kamera, ein Junge sitzt auf dem Hocker und sieht ernst aus.)

Fotograf: *(lächelnd und freundlich)* Pass auf, gleich kommt hier vorne ein Vögelchen heraus!

Junge: *(altklug)* Achten Sie lieber auf die richtige Blende und Belichtungszeit, sonst geht die Aufnahme zum Teufel!

Peter kommt zu spät

Bühnenbild: Ein Klassenzimmer – es könnte euer eigenes Klassenzimmer sein – ist aufgebaut. Ein Lehrer sitzt am Pult.

Figuren: Peter, der Lehrer, mehrere Schüler/-innen *(z.B. der Rest der Klasse)*

Peter: *(öffnet schnell die Klassentür und läuft aufgeregt zum Pult)* Bitte, ich bin von Räubern überfallen worden!

Lehrer: *(zieht die Augenbrauen hoch und guckt ungläubig)* Was hat man dir denn geraubt?

Peter: *(macht fröhlich eine wegwerfende Handbewegung)* Gott sei Dank nur die Hausaufgaben.

Rechenaufgabe

Bühnenbild: Ein Klassenzimmer – es könnte euer eigenes Klassenzimmer sein – ist aufgebaut. Ein Lehrer sitzt am Pult.

Figuren: Lehrer, David

Lehrer: *(sieht David an)* David, angenommen, du hättest fünf Euro und du würdest deine Mutter um weitere vier Euro bitten, wie viel Geld würdest du dann haben?

David: *(wie aus der Pistole geschossen)* Fünf Euro!

Lehrer: *(haut wütend mit der Faust auf das Pult)* Kannst du denn immer noch nicht rechnen?

David: *(empört)* Doch, schon, aber Sie kennen meine Mutter nicht!

Das Zeugnis

Bühnenbild: Ein Wohnzimmer ist aufgebaut, der Vater sitzt am Tisch und liest Zeitung.

Figuren: Vater, Sohn

Sohn: *(kommt ins Wohnzimmer, hinter seinem Rücken hält er ein Blatt Papier, sieht den Vater an)* Sag mal, Papa, kannst du deinen eigenen Namen ganz schnell schreiben?

Vater: *(mit überzeugter Stimme)* Aber sicher, mein Sohn.

Sohn: *(neugierig)* Und kannst du das auch mit geschlossenen Augen?

Vater: *(prahlerisch)* Natürlich!

Sohn: *(freut sich und holt vorsichtig das Papier hervor)* Gut. Dann mach jetzt fest die Augen zu und unterschreib ganz schnell mein Zeugnis.

SEITE 30

1 *So könnte deine Vermutung lauten:*
In dem Text könnte es um Außerirdische gehen, die auf der Erde gelandet sind.

SEITE 33

3 *So könnten deine Antworten lauten:*
- Sören hat behauptet, Aliens gesehen zu haben.
- Nach fünf Abenden ist immer noch nichts passiert, die Batterien der Taschenlampen werden langsam schwach. Es ist dunkel und auf der Wiese ist es nass – keine schönen Bedingungen.
- Sie wollen eine Kiste mit wichtigen Dingen aus der Gegenwart vergraben.

SEITE 35

5 *So könnte deine Erklärung lauten:*
Die Zahnspange als wichtiges Zeugnis der gegenwärtigen Kultur will er mit anderen Zeugnissen in einer Kiste vergraben.

6 *So könnten eure Notizen lauten:*
Bühnenbild: Wohnzimmer der Trillmichs mit Tisch und Stühlen, Bild an der Wand, Grünpflanzen
Requisiten: Zahnspange

SEITE 36

9 *So könnte das Stück enden:*
Variante 1: Hundert Jahre später finden Menschen die Kiste mit den Gegenständen und begutachten sie neugierig.
Variante 2: Die Bewohner von Niederottenbach sind in Aufruhr, weil sie nun auch von Außerirdischen gehört haben. Sie benachrichtigen den Bürgermeister und gehen gemeinsam auf Spurensuche. Dabei finden sie die Kiste und halten dies für eine Nachricht der Außerirdischen an die Dorfbewohner.

SEITE 38

2 *So könnte deine Vermutung lauten:*
Da das Stück „Liebeskummer XXL“ heißt und die Mutter ja nicht weiß, warum ihr Sohn so weint, könnte es zu einer Verwechslung kommen.

SEITE 40

4 *Folgende Antworten musst du ankreuzen:*
- Ulf und Sören weinen, weil sie Zwiebeln schneiden.
- Evelyn ist Cellospielerin.
- Rüdiger bildet sich ein, sein Sohn hätte Liebeskummer.
- Ulf hat für Evelyn den Cellokoffer getragen.

SEITE 41

5 *So könnte deine Antwort lauten:*
Rüdiger denkt, dass sein Sohn aus großem Kummer weint. Dabei schneidet Ulf nur Zwiebeln für den Zwiebelkuchen zur Klassenparty.

6 *So könnte deine Antwort lauten:*
Das Stück ist eine Komödie, weil eine Verwechslung immer Spaß macht und das Publikum zum Lachen gebracht wird.

7 *So könnte dein Cluster aussehen:*

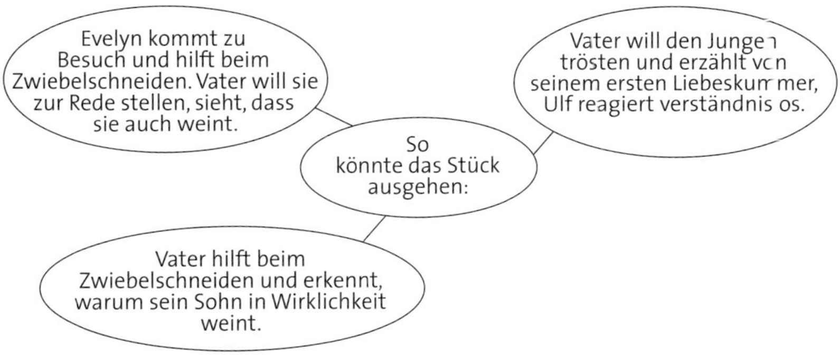

SEITE 44

4 *So könnten deine Überlegungen lauten:*
Der Erzähler kann von einer Szene zur anderen führen und viele Informationen zum Ort, zur Zeit und zu den Personen geben.

SEITE 47

6 *So könnten deine Notizen lauten:*
ein Weg nach Bremen, ein Hof, ein Wald mit einem großen Baum, das Räuberhaus (innen und außen)

7 *So könntest du den Text markieren:*
gepunktete Linie: Erzählerpassagen
durchgezogene Linie: Möglichkeiten für Sprechtexte
doppelte Unterstreichung: Regieanweisungen

„Du schreist einem durch Mark und Bein", sprach der Esel, „was hast du vor?"
„Die Hausfrau hat der Köchin befohlen, mir heute Abend den Kopf abzuschlagen. Morgen, am Sonntag, haben sie Gäste, da wollen sie mich in der Suppe essen. Nun schrei ich aus vollem Hals, solang ich noch kann."

„Ei was", sagte der Esel, „zieh lieber mit uns fort, wir gehen nach Bremen, etwas Besseres als den Tod findest du überall. Du hast eine gute Stimme, und wenn wir zusammen musizieren, wird es gar herrlich klingen."

Dem Hahn gefiel der Vorschlag und sie gingen alle vier zusammen fort. Sie konnten aber die Stadt Bremen an einem Tag nicht erreichen und kamen abends in einen Wald, wo sie übernachten wollten.

Der Esel und der Hund legten sich unter einen großen Baum, die Katze kletterte auf einen Ast, und der Hahn flog bis in den Wipfel, wo es am sichersten für ihn war. Ehe er einschlief, sah er sich noch einmal nach allen vier Windrichtungen um.

Da bemerkte er einen Lichtschein. Er sagte seinen Gefährten, dass in der Nähe ein Haus sein müsse, denn er sehe ein Licht. Der Esel antwortete: „So wollen wir uns aufmachen und noch hingehen, denn hier ist die Herberge schlecht." Der Hund meinte, ein paar Knochen und etwas Fleisch daran täten ihm auch gut.

Also machten sie sich auf den Weg nach der Gegend, wo das Licht war. Bald sahen sie es heller schimmern, und es wurde immer größer, bis sie vor ein hell erleuchtetes Räuberhaus kamen. Der Esel, als der Größte, näherte sich dem Fenster und schaute hinein. „Was siehst du, Grauschimmel?", fragte der Hahn. „Was ich sehe?", antwortete der Esel. „Einen gedeckten Tisch mit schönem Essen und Trinken, und Räuber sitzen rundherum und lassen sich's gutgehen!" „Das wäre etwas für uns", sprach der Hahn.

Da überlegten die Tiere, wie sie es anfangen könnten, die Räuber hinauszujagen. Endlich fanden sie ein Mittel. Der Esel stellte sich mit den Vorderfüßen auf das Fenster, der Hund sprang auf des Esels Rücken, die Katze kletterte auf den Hund und zuletzt flog der Hahn hinauf und setzte sich der Katze auf den Kopf. Als das geschehen war, fingen sie auf ein Zeichen an, ihre Musik zu machen: Der Esel schrie, der Hund bellte, die Katze miaute und der Hahn krähte. Darauf stürzten sie durch das Fenster in die Stube hinein, dass die Scheiben klirrten.

Die Räuber fuhren bei dem entsetzlichen Geschrei in die Höhe. Sie meinten, ein Gespenst käme herein, und flohen in größter Furcht in den Wald hinaus.

Nun setzten sich die vier Gesellen an den Tisch, und jeder aß nach Herzenslust von den Speisen, die ihm am besten schmeckten. Als sie fertig waren, löschten sie das Licht aus und jeder suchte sich eine Schlafstätte nach seinem Geschmack. Der Esel legte sich auf den Mist, der Hund hinter die Tür, die Katze auf den Herd bei der warmen Asche und der Hahn flog auf das Dach hinauf. Und weil sie müde waren von ihrem langen Weg, schliefen sie bald ein.

Als Mitternacht vorbei war und die Räuber von weitem sahen, dass kein Licht mehr im Haus brannte und alles ruhig schien, sprach der Hauptmann: „Wir hätten uns doch nicht sollen ins Bockshorn jagen lassen."

Er schickte einen Räuber zurück, um nachzusehen, ob noch jemand im Hause wäre. Der Räuber fand alles still. Er ging in die Küche und wollte ein Licht anzünden. Da sah er die feurigen Augen der Katze und meinte, es wären glühende Kohlen. Er hielt ein Schwefelhölzchen daran, dass es Feuer fangen sollte. Aber die Katze verstand keinen Spaß, sprang ihm ins Gesicht und kratzte ihn aus Leibeskräften. Da erschrak er gewaltig und wollte zur Hintertür hinauslaufen. Aber der Hund, der da lag, sprang auf und biss ihn ins Bein. Als der Räuber über den Hof am Misthaufen vorbeirannte, gab ihm der Esel noch einen tüchtigen Schlag mit dem Hinterfuß. Der Hahn aber, der von dem Lärm aus dem Schlaf geweckt worden war, rief vom Dache herunter: „Kikeriki!"

Da lief der Räuber, was er konnte, zu seinem Hauptmann zurück und sprach: „Ach, in dem Haus sitzt eine gräuliche Hexe, die hat mich angehaucht und mir mit ihren langen Fingern das Gesicht zerkratzt. An der Tür steht ein Mann mit einem Messer, der hat mich ins Bein gestochen. Auf dem Hof liegt ein schwarzes Ungetüm, das hat mit einem Holzprügel auf mich losgeschlagen. Und oben auf dem Dache, da sitzt der Richter, der rief: ‚Bringt mir den Schelm her!' Da machte ich, dass ich fortkam."
Von nun an getrauten sich die Räuber nicht mehr in das Haus. Den vier Bremer Stadtmusikanten aber gefiel's darin so gut, dass sie nicht wieder hinauswollten.

SEITE 47

8 *So könnte dein Theaterstück weitergehen:*

Esel: Du schreist einem durch Mark und Bein. Was hast du vor?

Hahn: *(jammert)* Die Hausfrau hat der Köchin befohlen, mir heute Abend den Kopf abzuschlagen. Morgen, am Sonntag, haben sie Gäste, da wollen sie mich in der Suppe essen.

Esel: *(schüttelt den Kopf)* Ei was, zieh lieber mit uns fort, wir gehen nach Bremen, etwas Besseres als den Tod findest du überall. Du hast eine gute Stimme und wenn wir zusammen musizieren, wird es gar herrlich klingen.

Hahn: *(fröhlich)* Der Vorschlag gefällt mir.

(Vorhang)

Erzähler: Und sie gingen alle vier zusammen fort. Sie konnten aber die Stadt Bremen an einem Tag nicht erreichen und kamen abends in einen Wald, wo sie übernachten wollten.

Bühnenbild: im Wald, im Hintergrund ein Licht, eine Stehleiter, die als Baum hergerichtet ist, daneben unterschiedliche Bäume

(Die Bremer Stadtmusikanten erreichen die Bühne.)

Esel: *(gähnt)* Ich bin so müde.

Hund: *(gähnt ebenfalls)* Ich auch.

Katze: Ihr habt Recht. Ich kann auch nicht mehr weiterlaufen. Lasst uns ausruhen.

Hahn: Dieser Baum hier bietet Platz für uns alle.

(Die Bremer Stadtmusikanten setzen sich nacheinander verschieden hoch auf die Stehleiter, während der Erzähler die folgende Passage liest.)

Erzähler: Der Esel und der Hund legten sich unter einen großen Baum, die Katze kletterte auf einen Ast, und der Hahn flog bis in den Wipfel, wo es am sichersten für ihn war. Ehe er einschlief, sah er sich noch einmal nach allen vier Windrichtungen um. Da bemerkte er einen Lichtschein.

Hahn: *(flüstert)* Gefährten, seid ihr noch wach? Es sieht so aus, als sei in der Nähe ein Haus, ich sehe einen Lichtschein.

Esel: *(springt auf)* So wollen wir uns aufmachen und noch hingehen, denn hier ist die Herberge schlecht.

Hund: *(springt ebenfalls auf)* Ein paar Knochen und etwas Fleisch daran täten mir auch gut.

Erzähler: Also machten sie sich auf den Weg nach der Gegend, wo das Licht war.

(Vorhang)

Bühnenbild: Räuberhaus im Seitenprofil – Bühne aufgeteilt: linke Seite „vor dem Haus“, rechte Seite „im Haus“, vier Räuber sitzen am Tisch und essen

Erzähler: Bald sahen sie es heller schimmern, und es wurde immer größer, bis sie vor ein hell erleuchtetes Räuberhaus kamen.

(Die Bremer Stadtmusikanten kommen auf die Bühne und halten vor dem Fenster des Hauses.)

Esel: *(sieht durch das Fenster)* Ich schau einmal nach.

Hahn: Was siehst du, Grauschimmel?

Esel: Was ich sehe? Einen gedeckten Tisch mit schönem Essen und Trinken, und Räuber sitzen rundherum und lassen sich's gutgehen.

Hahn: Das wäre etwas für uns.

Erzähler: Da überlegten die Tiere, wie sie es anfangen könnten, die Räuber hinauszujagen. Endlich fanden sie ein Mittel. Der Esel stellte sich mit den Vorderfüßen auf das Fenster, der Hund sprang auf des Esels Rücken, die Katze kletterte auf den Hund und zuletzt flog der Hahn hinauf und setzte sich der Katze auf den Kopf. Als das geschehen war, fingen sie auf ein Zeichen an, ihre Musik zu machen.

Esel: Iah, iah, iah, iah!

Hund: Wau, wau, wau, wau, wau!

Katze: Miau, miau, miau, miau !

Hahn: Kikeriki, kikeriki, kikeriki!

(Die Bremer Stadtmusikanten stürzen durch das Fenster in die Stube hinein.)

Räuber: *(springen auf und schreien)* Hilfe, ein Gespenst, Hilfe, Hilfe! *(kommen auf die Bühne gerannt, laufen einmal über die Bühne und verschwinden)*

Esel: Geschafft! Lasst uns hineingehen, Freunde, jetzt lassen wir es uns gutgehen.

(Die Bremer Stadtmusikanten gehen ins Haus.)

Erzähler: Nun setzten sich die vier Gesellen an den Tisch, und jeder aß nach Herzenslust von den Speisen, die ihm am besten schmeckten. Als sie fertig waren, löschten sie das Licht aus und jeder suchte sich eine Schlafstätte nach seinem Geschmack. Der Esel legte sich auf den Mist, der Hund hinter die Tür, die Katze auf den Herd bei der warmen Asche und der Hahn flog auf das Dach hinauf. Und weil sie müde waren von ihrem langen Weg, schliefen sie bald ein. Als Mitternacht vorbei war, sahen die Räuber von weitem, dass kein Licht mehr brannte und alles ruhig schien.

Räuber *(schleichen auf die Bühne und hocken sich vor das Räuberhaus)*

Hauptmann: *(flüstert)* Wir hätten uns doch nicht sollen ins Bockshorn jagen lassen. *(stößt einen Räuber an)* Geh du hinein und sieh nach, ob noch jemand da ist.

(Der Räuber schleicht ins Haus.)

Erzähler: Der Räuber fand alles still. Er ging in die Küche und wollte ein Licht anzünden. Da sah er die feurigen Augen der Katze und meinte, es wären glühende Kohlen. Er hielt ein Schwefelhölzchen daran, dass es Feuer fangen sollte. Aber die Katze verstand keinen Spaß, sprang ihm ins Gesicht und kratzte ihn aus Leibeskräften.

Katze: *(faucht laut)* Miau, miau!

Räuber: *(jammert)* Aua, aua, Hilfe!

Erzähler: Da erschrak er gewaltig und wollte zur Hintertür hinauslaufen. Aber der Hund, der da lag, sprang auf und biss ihn ins Bein.

Hund: *(knurrt böse)* Grrr, grrr, wau, wau, wau!

Räuber: *(jammert)* Aua, aua, Hilfe!

Erzähler: Als der Räuber über den Hof am Misthaufen vorbeirannte, gab ihm der Esel noch einen tüchtigen Schlag mit dem Hinterfuß.

Esel: *(schreit laut)* Iah, iah, iah, iah! *(Man hört einen dumpfen Schlag.)*

Räuber: *(jammert)* Aua, aua, Hilfe!

Erzähler: Der Hahn aber, der von dem Lärm aus dem Schlaf geweckt worden war, rief vom Dache herunter.

Hahn: Kikeriki! Kikeriki!

Räuber: Hilfe, nichts wie weg hier! *(rennt zu seinem Hauptmann zurück)* *(aufgeregt stotternd)* Ach, in dem Haus sitzt eine gräuliche Hexe, die hat mich angehaucht und mir mit ihren langen Fingern das Gesicht zerkratzt. An der Tür steht ein Mann mit einem Messer, der hat mich ins Bein gestochen.

Auf dem Hof liegt ein schwarzes Ungetüm, das hat mit einem Holzprügel auf mich losgeschlagen. Und oben auf dem Dache, da sitzt der Richter, der rief: „Bringt mir den Schelm her!“ Da machte ich, dass ich fortkam.

Erzähler: Von nun an getrauten sich die Räuber nicht mehr in das Haus. Den vier Bremer Stadtmusikanten aber gefiel ’s darin so gut, dass sie nicht wieder hinauswollten.

(Die Bremer Stadtmusikanten kommen fröhlich aus dem Haus und verbeugen sich.)

SEITE 54

6 *So könnte die Geschichte weitergehen:*
Alle helfen mit, ein Floß zu bauen:
- Der Handwerker fällt die Bäume, die Lehrerin diktiert den Ablauf und hilft bei den Berechnungen, die Bäuerin versucht, Früchte zu ernten, damit alle etwas zu essen haben.
- Der Kapitän und der Steuermann helfen beim Bauen mit ihrem Wissen über Schiffe.
- Das Kind sorgt fröhlich dafür, dass keiner aufgibt und alle ab und zu lachen können.
- Der Arzt versorgt die Wunden, wenn sich jemand beim Bauen des Floßes verletzt hat.
- Der Ritter bewacht die Insel und hält wilde Tiere fern. Ab und zu ist er ein wenig traurig, weil er Sehnsucht nach seinem Ritterfräulein hat. Aber das Kind tröstet ihn.
- Der Polizist schreibt die Verkehrsregeln für das Floß auf und überlegt sich eine Route für die Heimfahrt.

Dann ist es soweit, das Floß ist fertig. Zum Schluss steigen alle gemeinsam auf das Floß und sie stellen fest, wie wichtig es war, dass alle zusammengehalten haben. Jeder hat sich mit seinen Fähigkeiten eingebracht. So gibt es keinen Streit mehr, weil alle erkannt haben, dass jeder wichtig ist. So erstellen sie schnell noch ein Segel für das Floß, auf dem steht: „Gemeinsam sind wir stark.“ Dann wird der Anker gelichtet, der Kapitän übernimmt das Kommando, der Steuermann das Steuer und die Heimfahrt beginnt.

Der Vorhang schließt sich und das Publikum hört einen fröhlichen Jubelschrei von der Bühne: Juchu! Wir haben es geschafft, wir sind zu Hause!

SEITE 55

8 *Diese Antworten müsstest du ankreuzen:*
- Ein Souffleur hilft, wenn die Akteure ihren Text vergessen haben.
- Ein Souffleur kann eine Hilfe sein, wenn der Schauspieler vor Nervosität seinen Text vergessen hat.
- Der Souffleur sitzt an einem Platz, wo er für das Publikum nicht sichtbar ist.
- Der Souffleur muss den gesamten Spieltext mitlesen.
- Der Souffleur gibt dem Schauspieler flüsternd ein Stichwort.

SEITE 56

1 a) *Das solltest du notiert haben:*
Titel des Stücks, Datum und Uhrzeit der Aufführung, Ort, Schauspieler und ihre Rollen, Autor, Regisseur, Verantwortliche für Bühnenbilder und Kostüme